国家『十二五』规划重点图书

东北三江流域文化丛书

黑土寻根

——松花江下游民族演进史

田增岐 著

黑龙江教育出版社

图书在版编目（CIP）数据

黑土寻根：松花江下游民族演进史 / 田增岐著. --
哈尔滨 ： 黑龙江教育出版社，2012.5
（东北三江流域文化丛书. 第2辑）
ISBN 978-7-5316-6271-6

Ⅰ. ①黑… Ⅱ. ①田… Ⅲ. ①肃慎－民族历史－东北
地区 Ⅳ. ①K289

中国版本图书馆CIP数据核字(2012)第079993号

黑土寻根——松花江下游民族演进史
Heitu Xungen——Songhuajiang Xiayou Minzu Yanjinshi

田增岐 著

选题策划	徐永进
责任编辑	徐永进 许甲坤
装帧设计	王立鹏 朱建明 周 磊
责任校对	刘佳玉
出版发行	黑龙江教育出版社
地 址	哈尔滨市南岗区花园街158号（邮编 150001）
印 刷	黑龙江远东联达教育文化传媒有限公司
开 本	787毫米×1092毫米 1/16
印 张	12.75
字 数	140千
版 次	2012年7月第1版
印 次	2012年7月第1次印刷
书 号	ISBN 978-7-5316-6271-6 定 价 52.00元

黑龙江教育出版社网址：www.hljep.com.cn
如需订购图书，请与我社发行中心联系。联系电话：0451-82529593 82534665
如有印装质量问题，影响阅读，请与我社联系调换。联系电话：0451-82529347
如发现盗版图书，请向我社举报。举办电话：0451-82560814

目录

富锦城区全景图

绪 论
XU   LUN

富锦历史悠久，内涵丰富。自唐渤海国设衙建制以来，一直是松花江下游的政治、经济、文化中心和三江平原的交通枢纽，形成了独具地域特色的历史文化、农耕文化、红色文化、知青文化和旅游文化，其独特的文化属性在三江平原很有代表性，成为松花江下游各族人民宝贵的精神财富和推动经济发展、社会进步的强大动力。因此，本书以探讨富锦民族演进史为切入点，展示了松花江流域文明，弘扬了爱国主义为核心价值的民族精神，这无疑具有重要的现实意义和深远的历史意义。

任何一部历史都是人类的生存形式、生存状态的记录，都是一个民族繁衍生息、纵横捭阖的踪迹。在漫长的历史进程中，松花江下游这块远离中原的边陲之地，是一个被视为肃慎的民族及其后裔世世代代居住的地方，汉族和其他民族迁徙到此，仅仅一百多年的时间。在悠久的岁月中，肃慎人在这块古老的土地上，沐浴着时代的风雨，纵横驰骋，开拓进取，挽中原文明之风唤醒了远古的蛮荒，扬北国铁骑之威开拓了中华的边疆，将这块地域辽阔、物产丰饶的大地同中原紧紧连在一起，为各族人民大展身手，建功立业提供了广阔的舞台。其闪光的足迹铸成了三江平原的开拓史、创业史、发展史和文明史，成为中华文明的重要组成部分。业绩可圈可点，历史可歌可泣！

松花江下游文化一般指松花江与牡丹江汇合处，至松花江、黑龙江与乌苏里江汇合处的地域文化。同长江、黄河孕育了华夏文化一样，松花江、黑龙江、乌苏里江也孕育了独具特色的肃慎文化。文化既是一种社会现象，又是一种历史现象；既是人类在长期的社会活动中创造形成的精神产品，又是人类社会在漫长的进程中积淀提炼的文明成果。也就是说文化是一个国家或民族在长期的历史进程中形成的人文历史、地理环境、风土人情、传统习俗、生活方式、文学艺术、行为规范、思维方式、价值观念、精神风貌等，在经济建设和社会发展中发挥着不以人的意志为转移的主导作用。

观今宜鉴古，无古不成今。追寻历史的来龙去脉，品评社会的沧桑巨变，无疑会使我们在波澜壮阔的历史长卷中感悟到中华民族文化的博大精深，松花江流域文明的源远流长。正所谓追本溯源，稽古鉴今；以史为鉴，可知兴替。因此，深入地探讨松花江下游的文化属性在中华民族精神面貌上的反映；探索松花江下游的人民在长期历史发展中形成的表现在共同追求上的心理状态；探索推动社会全面发展具有的顽强生命力和巨大稳定性的心理素质；科学地总结民族演进过程的经验和教训，这在全国上下落实科学发展观的今天，对探求松花江下游新时期的发展之路，对加强以爱国主义为核心价值的社会主义文化建设，在全社会形成崇德敬业、励精图治、同担重任、共赴使命的信念，不能不说是一个重要的举措。

第一章

肃 慎

（公元前14000年～公元25年）

　　富锦位于黑龙江省东北部，松花江下游南岸，坐落在完达山脉和小兴安岭之间的三江平原腹地上。在漫长的地质演变中，形成了冲积平原宽广辽阔、低山丘陵均匀散布、一江八河纵横交错、一年四季气候分明的总体格局。在这块区位优越、沃野无垠、景色壮丽、物产丰饶的大地上，曾繁衍生息着中国民族史上一个著名的古老民族——肃慎族。在大浪淘沙的历史进程中，这个族系几经挫折又几度崛起，振翅翱翔在历史的天空中。其后裔曾建立了地方政权，即唐渤海国、辽东夏国和全国性政权——金朝和清朝，成为中国历史上有数的几个建立过封建王朝的民族之一，为中国统一多民族国家的巩固和发展，为中华文明的形成与延续作出了巨大贡献。

广袤丰饶的富锦大地

肃慎又称息慎、稷慎，见之于史籍较早。约从公元前22世纪的舜禹时开始见史。《晋书》载："肃慎在不咸山北，东滨大海，西据寇漫汗，北极弱水，其土地广阔数千里。"据《吉林通志》解析：不咸山即今长白山，大海即今日本海，弱水即今黑龙江，寇漫汗为当今松辽平原。可见在这块地域辽阔的大地上，印满了富锦的先人们繁衍生息、建功立业的足迹，谱写了开天辟地、开疆拓土的历史篇章。

第一节　民族源流

远古人类　当我们漫步在富锦城镇的大街小巷，徜徉在农村的田间地头，不由得想问，从什么时候开始，富锦的先人们在苍茫的大地上留下了第一个足印？又是从哪个年代开始，我们的祖先在浩浩的松花江畔升起了第一缕炊烟？

考古工作者发现，在富锦的松花江流域和七星河流域，分布有完整的和残缺的猛犸象化石。原富锦一中历史教师赵凤才在20世纪60年代，曾亲眼见到在今富锦幸福灌区渠首处出土了一具完整的猛犸象化石；富锦考古爱好者付德印在富锦松花江畔收集有猛犸象各部分骨骼化石20多件；富锦文物管理所收藏的猛犸象化石更是多种多样。同样的化石，在同富锦一衣带水的饶河县也有分布。饶河县的猛犸象化石曾经中国科学院古脊椎动物研究所碳-14测定，为第四纪更新世晚期之末生物，距今约1.4万年，上下误差为460年。猛犸象以草和灌木叶子为生，喜群居，是旧石器时代人类的重要狩猎对象。据中外专家考证，一般有猛犸象的地方，就有人类存在。如此看来，在1.4万年以前的旧石器晚期，富锦一带就有了肃慎先人活动的踪迹。

猛犸象　　　　　　　　　　猛犸象门齿化石

据史料记载，也就在这个时期，华北地区的地层和气候发生了剧烈变化，华北古人便离开当地向四方逃散。其中一支来到辽东地区，不堪当地人的排挤，又继续东去。越千山，过万岭，一路披荆斩棘，前赴后继，辗转迁徙到资源丰富、天高地阔的富锦一带，融入了当地的土著古人之中，构成了新石器时期的富锦先民肃慎人，成为通古斯族的祖先，开始了艰苦卓绝而又充满传奇的文明之旅。

这样，我们就可以把富锦的人类史，从以往定论的6 000年前的新石器时期，提前到1.4万年以前的旧石器晚期，填补富锦没有远古人类活动的空白。这说明，富锦并不是千古荒凉的处女地。很久以前，我们的祖先就在富锦地区繁衍生息，他们含辛茹苦、矢志不渝，推动着历史的车轮，从蛮荒向文明迈进，并将松花江流域的古文明传播到北极地区。

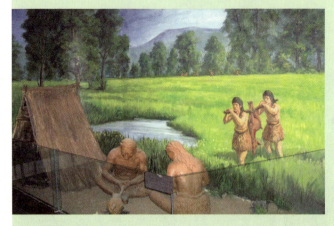

富锦古人生活场景

　　大约1万多年以前，当亚洲和北美洲间的白令陆桥（今天的白令海峡）再次浮出水面时，部分肃慎先人和蒙古先人追随动物的足迹通过这里进入北极地区。这一部分人就是今天爱斯基摩人的祖先，称为古爱斯基摩人。他们自称因纽特人，分布在从西伯利亚、阿拉斯加到格陵兰的北极圈内外，分别居住在格陵兰、美国、加拿大和俄罗斯。北极地区气候恶劣，环境严酷，气温常常在零下几十摄氏度。爱斯基摩人为了生存，夏天乘一叶轻舟，在汹涌澎湃的大海上同庞大的鲸鱼拼搏；冬天手持梭镖，在漂移不定的浮冰之上和凶猛的北极熊较量。一旦打不到猎物，整个部落就会饿死，所以，他们每时每刻都挣扎在死亡线上。但是，爱斯基摩人不但生存下来，而且一步步发展壮大，成为世界民族大家庭中最顽强、最勇敢的民族，至今保持着肃慎的经济形态和宗教习俗，充分体现了松花江流域文化的强盛生命力。

　　这期间，中原经历了从远古到舜禹、商周、战国、秦、西汉的历史时期，其高度发达的中华文明，对肃慎的文明演进发挥了重大影响，开辟了农耕文化同渔猎文化相互交流、交融、碰撞、传承的新纪元。

爱斯基摩人狩猎

爱斯基摩人

　　隶属关系　"肃慎"词义,有人认为"坚硬"之意,有人认为"人",莫衷一是。其语言通过在词根的前中后粘贴不同的词尾来实现语法功能,系黏着语类型,属于阿尔泰—通古斯语系。阿尔泰语系包括蒙古、突厥、满—通古斯三个语族。通古斯泛指居住在贝加尔湖以东的古代吃猪肉的部族。这从另一个方面说明了肃慎同华北古人的历史渊源。

　　先秦古籍《竹书纪年》载:"帝舜二十五年(约公元前 22 世纪)息慎氏来朝,贡弓矢。"这是最早披露肃慎同中原联系的记载,此后这方面的记载屡见史书。《史记·五帝本纪》载:"唯禹之功为大,披九山，通九泽，决九河，定九州，各以其职来贡，不失厥宜。方五千里，至于荒服。南抚交阯、北发，西戎、析枝、渠廋、氐、羌，北山戎、发、息慎（肃慎），东长、鸟夷，四海之内咸戴帝舜之功。"《后汉书·东夷列传》又载："及武王灭纣，肃慎来献石砮楛矢……康王之时（公元前 10 世纪）肃慎复至。"

"弓矢"即"楛矢石砮"，是以木为杆、以石为簇的弓箭。木杆主要以茶条槭为材料，石簇主要用黑曜石、页岩、燧石、玛瑙、碧玉等打制，它是肃慎人狩猎劳动的工具、沙场点兵的武器、须臾不离身的法宝、肃慎民族文化的象征。肃慎人以此为珍贵礼品贡献给中原王朝，而且延续了数千年，具有极为特殊的意义。既表明了肃慎人对中原王朝的尊重和忠诚，又显示了自己民族聪慧勇敢的性格与野心勃勃的实力，标志着肃慎人于原始社会末期就主动同中原建立密切的依附关系，加入了舜的部落联盟，开始以中华民族大家庭的自豪一员登上了中国历史的舞台。

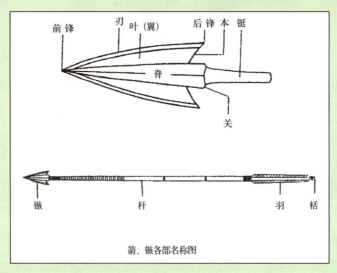

箭、镞各部名称图

楛矢石砮

西汉礼学家戴德和他的侄子戴圣编定的《大戴礼记》载：到

夏禹和商汤"受天命"时，"海之外肃慎、北发、渠搜、氐、羌来服"。可见肃慎同中原的关系日益密切，遣使朝贡，每代不绝。魏晋杜预注释《春秋》《左传》的

石簇

解经之作《春秋经传集解》卷二《昭公九年》载："王使彦伯辞于晋，及成王克商……肃慎、燕、亳吾北土也。"《吉林通志》解析：所谓"北土"，系辽东以北，直至混同江（黑龙江与松花江交汇处）之地。可见周王朝根据肃慎对中原王朝的一贯态度，明确申明肃慎是他管辖下的北方领土。战国时代，燕国更进一步，开始在肃慎地区"置吏筑障塞"，将肃慎同中原的关系由朝贡和依附的关系，改为由燕国直接派官吏管理。秦灭燕国后，肃慎属"辽东外徼（边界）"，虽属于羁縻性质，但已正式纳入中国中央政权管辖，成为我国统一的多民族国家一部分。秦统一中国，天下分为36个郡，其疆域就包括现在的富锦。汉沿秦制，于肃慎之地置真番郡，直隶于汉，由中央政府统一管辖。虽然有的史学家认为真番郡设在原富锦辖境内的"对面城"凤林古城，有的史学家认为凤林古城只是真番郡下辖的霅（栅）县所在地，但是，富锦一带为汉之属地已成定论。

从中我们可以看出，由朝贡为纽带建立起来的中央王朝同东北少数民族之间从未间断的联系，一方面密切了各民族之间的关系，促进了"中华一体"国家的形成；另一方面形成了肃慎及其后裔

第一章 肃慎

9

对中华民族的向心力和凝聚力，成为金人和满人两度威震华夏、驰骋中原的精神力量。入主中原后逐渐被海纳百川的中华文化所同化并进一步丰富和完善了中华文化。

第二节　肃慎文化

社会性质　肃慎之地山多林密、江河纵横、泡沼密集，山珍野果、飞禽走兽、河蚌鱼虾极为丰盛，这为肃慎人的生存提供了得天独厚的条件。所以渔猎、游猎和采集便成为肃慎的主要经济形式，居无定所，"逐水草而居"成为古肃慎人的习俗。这种渔猎文化虽然对大自然依赖性大，资源再生能力薄弱，生活环境不够稳定，逐步被具有传承、包容、和谐特点的农耕文化所代替，但是，它具有农耕文化所不具有的优势。其在渔猎和游猎中形成的诚挚朴素、吃苦耐劳、开疆拓土、标新立异以及在民族融合与演进中形成的天下民族是一家的使命感，同热衷于土地开发、固守本土、自给自足、与世无争的农耕文化相比，具有明显的开放性格和刚毅威猛、骁勇善战、纵横天下、一往无前的开拓精神。渗透到中国历代思想观念中，成为中国传统文化的组成部分和宝贵财富。

富锦大地原始风光

富锦大地原始风光

　　通过对富锦市松花江流域的大屯古城，七星河流域的兴隆岗镇高台子村村南和村西漫岗上，以及鹿林村东南狼豁子等处出土的磨制石凿、石棒、石锤、石斧、石臼、石制刮削器和陶器等各种生产生活工具分析可以认定：大约在新石器初期，肃慎人就已经定居，并且有了简单的农业和动物饲养，开始走出了野蛮的暗谷，并踏上了洒满文明曙光的发展之路。大量鱼骨、兽骨、骨针、网坠、鱼骨兽骨装饰品等各种骨器的出土，说明渔猎经济占有相当的比重。至于那些鱼骨兽骨装饰品，则说明随着生活的安定，肃慎人有了审美情趣与创新意识，开始了源于实际生活的灵感与创造。在捕获食物之余，开始用鱼骨兽骨做成装饰品美化生活，闪烁着肃慎人追求丰富多彩生活的智慧之光。

石凿、石刀

石臼

石斧　　　　　　　　　　　骨簇

生活习俗　旧石器时期，正处于地球变化的第四纪，气候出现了明显的冰期和间冰期交替模式，生物界面貌已接近现代。据《后汉书·东夷列传》记载，富锦一带"土气极寒"，冬天奇冷，气温达到零下 30 度以上，松花江冰冻期长达 6 个多月，江面冰冻达 1 米多厚。肃慎人为了生存，便"夏则巢居，冬则穴处"（《晋书·肃慎传》）。即夏天在地上构木披草以居，相当于今日"撮罗子"或人字形草棚；冬天，由于人们尚不掌握取暖保温方法，为了防御严寒风雪，只好"穴居洞处"，靠地温保暖。但由于人类繁衍，人口增多，自然洞穴不能满足人类居住需要，更何况江河两岸少有洞穴，肃慎人便自己挖洞，类似于现在的窖和井，俗称地窖子。因平地容易积水，地穴式房屋多建在高处；若无高处，则垒土为坝，筑穴其中。由于不利用地面以上空间的构筑形式，属于全穴式地窖子。

全穴式地窖子

早期的地窨子是肃慎人在游猎中季节性使用，用来躲避严寒和野兽。肃慎人定居后，由于这种地窨子既适合东北的自然条件，又造价低廉，建造便利，便成为常年的居处。今天我们在考古中发现的地表坑就是这种地窨子的遗迹。

　　其社会风俗据《后汉书·东夷列传》载：肃慎人"多勇力，且善射"。南宋人徐梦莘所著的《三朝北盟会编》又载："其人则耐寒忍饥，不惮辛苦，食生物，勇悍不畏死……善骑，上下崖壁如飞，济江不用舟楫，浮马而渡。精射猎，每见鸟兽之踪，能蹑而推之。得其潜伏之，所以桦皮为角，吹作呦呦之声，呼麇鹿射而啖之，但存其皮骨。"这种在长期艰苦的渔猎生活中形成的粗犷、豪放的民族性格和一不怕死，二不怕苦的精神，不但保证了其民族在恶劣的生存环境中的繁衍生息，而且成为了源远流长的中华文明的精华。

　　道路交通　肃慎人的道路交通伴随着生活生产活动的开展逐渐形成，即所谓"走的人多了，也便成了路"。一是肃慎人为了游猎，终年奔波在荒原大野之上，穿行在崇山峻岭之中，形成了迁徙道。二是随着肃慎人的定居，邑落组织之间的联系日益广泛，人们之间的交往越加频繁，于是形成了邑落道路。三是肃慎人为了加强同内地的政治经济联系，采取向朝廷纳贡的形式屡通中原，开辟出了朝贡道路。

　　富锦通往中原的朝贡道路形成于公元前 11 世纪的商末周初。这条道路沿松花江西行，或穿山越岭，或水陆连接，曲曲折折，险象环生。但是向往文明、追求进步的肃慎人，不畏艰难，不惧路长，通过这条道路，源源不断地将他们视为最珍贵的弓箭、铠甲、马匹等土特产贡献给中原朝廷。中原朝廷礼尚往来，慷慨地回赏锦缎、丝帛等珍贵物品。高度发达的中原经济和文化，由贡道输入三江平原，使中原和三江平原在政治、经济、文化方面紧密联系在一起，既开阔了肃慎人的生活视野，丰富了肃慎人的精神世界；又扩大了中原在三江平原的影响力和吸引力，促进了三江平原的经济繁荣和社会进步，巩固了中原同边疆地区的一统局面。

第二章

DI ER ZHANG

挹　娄

（公元25～420年）

　　挹娄之名在东汉以后始见史籍。可见到了东汉，肃慎改称挹娄。挹娄，通古斯语"鹿"的意思，也有人认为是"穴居人"的意思。这种名称改换的原因，虽然目前尚不能得出统一的结论，但是其种族繁衍仍是一脉相承，既有延续的一面，又有习俗有别的一面。唐房玄龄等著的《晋书·四夷传》记载："肃慎氏一名挹娄。"北宋史学类书《册府元龟》载："挹娄，肃慎之后裔也。"《后汉书》卷八十五《东夷传·挹娄》载："挹娄，古肃慎之国也……自汉兴已后，臣属夫馀。"《三国志·挹娄传》亦载："夫馀本属汉玄菟郡。"

　　夫馀是汉代由东北古代三大族系之一濊貊人衍生形成的。公元前2世纪

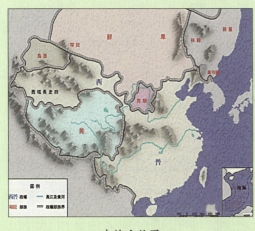

夫馀方位图

建立了奴隶制国家。濊貊族系是由诸多操同一种语言的小民族组成，其主体分为濊和貊两个族群。在夏商时本居于山东半岛，属东夷民族。周灭商时，濊貊族被周所迫，大部分向东北迁徙，并以松嫩平原为中心定居下来，成为周王朝的臣属国。夫馀有"剩余的男子"、"乌裕尔河（黑龙江省唯一内陆河）音转"和"盐名"三种解释。夫馀族分为三个系列：一系为本部，称东夫馀，居今吉林农安县一带；一系为卒本夫馀（又称高句丽），立国于鸭绿江附近；一系为南夫馀（又称百济），建政于朝鲜半岛。夫馀以定居的农业生产为主，"其人强勇"，"其国殷富"，是一个经济、文化都相当发达的奴隶制政权，长期依附中原，并代替中原统辖挹娄。这一时期中原经历了东汉、三国、西晋、东晋等历史时期。

第一节　隶属关系

挹娄虽臣服于夫馀，但同中原的经济、文化联系仍十分密切，间接同东汉保持隶属关系。到了东汉末年、曹魏初年，夫馀人的沉重租赋激起了挹娄人的反抗，于220年摆脱了夫馀人的奴役，并于魏明帝青龙四年（236年）派使者前往洛阳向明帝献楛矢，直接同中原王朝建立了联系。三国时期，虽中原连年战争，然而挹娄仍向距其较近的曹魏纳贡，挹娄之地成为魏国的势力范围。魏齐王正始六年（245年），挹娄"贡楛矢"。魏元帝景元三年（262年），挹娄再次遣使入贡，献其国弓30张，长3尺5寸，楛矢长1尺8寸，石砮300枚，皮骨铁杂铠20领，貂皮400张。这是自肃慎向中原朝贡以来，第一次在文献中将贡献的物品记载得如此详细。从《晋书》和中国先秦古籍《山海经·大荒北经》挹娄数次到中原通好的记载看，两晋时期，挹娄同中原的联系进一步加强，既为中原文明的传播畅通了渠道，又为挹娄文化的形成提供了契机。其挹娄王城即挹娄文化的典型代表，被称作黑龙江历史第一都。

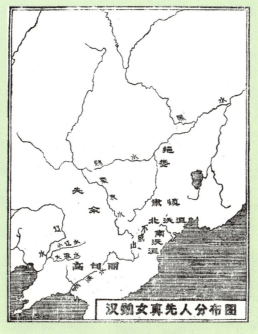

汉魏女真先人分布图

第二节　荒原古都

挹娄王城　挹娄王城位于今黑龙江省友谊县境内的对面城。此地原为富克锦属地。清宣统元年（1909年）在富克锦地置富锦县后属于富锦县辖境。中华民国元年（1912年）吉林省富锦地图标明此地为"对面城屯"。此屯经文物考古工作者考察认定，为合江地区行署（1980）66号《关于加强全区文物保护工作》文件中记载的富锦境内的"对面城"（《富锦县志》）。"对面城"为"挹娄王城"，赫哲语称"巴人古苏霍通"，建于东汉建安二十年（215年），既是挹娄的政治经济中心，又是挹娄文化的发源地，被誉为黑龙江省亘古荒原第一都。

据双鸭山市考古工作者和国内有关专家认定，对面城由凤林古城和炮台山古城组成。凤林古城位于七星河左岸，今黑龙江省双鸭山市友谊县成富乡凤林村西南300米处。七星河为挠力河支流，满语称"齐勒钦毕拉"，发源于双鸭山市七星砬子山，是富锦市同宝清县的界河。凤林古城西南隔七星河相望的是宝清县的炮台山古城（又称北斗七星祭坛）。两城隔河遥遥相对，中心直线距离约1500米，故俗称二城为"对面城"。这两座"对面城"，乃是被七星河分隔的同一座古城，北侧住人，南侧敬神，

凤林城址暨炮台山七星祭坛址地形图

符合中国古代礼制的方位标准。二者隔七星河南北相望，一南一北，一高一低，高地建坛，平地建宫。坛是圆的，城是方的。宫殿与祭坛有机结合，体现了中华民族古代"天圆地方"、"天人合一"的道家思想和宇宙观念。七星祭坛为"敬天法祖"之地。"敬天法祖"是由部落的家法族规逐渐演变为治国法律，为传统文化规范道德的基准，以达修身、治国、平天下的理想目标。这表明华夏

文化在汉魏时期就已传播到三江平原，其文化达到的较高文明程度，使我们对随后勿吉的强盛、鞑鞨的兴起找到了历史渊源。

凤林古城　凤林古城位于七星河左岸漫岗上，平面呈不规则形，看来是不断扩建和防御洪水而成。周长 6 330 米，总面积 114 公顷。全城分割为九个城区，双城壕，似九曲连环。古城的中心城区（七城区）是一座面积达 666 平方米的方城，城墙高耸，四角各有一向外突出的"角楼"，四面墙的中央各有向外突出的墩台"马面"，城外有护城河。其城是由邑落向都城过渡的典型模式，具有鲜明的防御性军事色彩。

凤林古城遗址

凤林古城是目前发现的汉魏（指北魏）时期三江平原，乃至东北亚极边地区规模最大、结构最复杂、宫城与宫殿出现最早的都邑。从当时的社会组织结构看，最初是汉之属国夫馀管理挹娄的权力中心。挹娄摆脱夫馀后成为挹娄王国的都城，或称之为具备国家功能的挹娄族群聚落地。

　　此城的规模和建筑风格可以同渤海上京龙泉府和金上京会宁府相媲美，但建成时间比渤海上京龙泉府和金上京会宁府分别早500年和900年。挹娄脱离夫馀后，遭到夫馀残酷的报复。挹娄虽没屈服，但古城在"夫馀数伐之"（《三国志·挹娄传》）中毁于战火。城内的居民在匆匆收拾有价值的东西后背井离乡，弃城远遁。一度繁华的挹娄京都竟成渺无人烟的荒芜之地。

　　炮台山古城　炮台山古城是三江平原七星河流域汉魏聚落群中最大山城遗址，位于七星河右岸200米，宝清县七星泡镇平安村东2公里处，周长4500米，占地面积48公顷。城内坐落着"北斗七星"祭坛。炮台山拔地而起，四周除西面有一低矮的山冈外，皆为平原。山的平面呈椭圆形，侧视似一大炮台。城垣随地势掘土修筑，分上中下三层。下层为外城，即廓城，四周拱卫着月城、瓮门和城壕；中层为山腰城，即内城，亦称坛城，为登坛的必经之路；上层是山顶城，即遗城，城内中心是突兀于缓坡之上的高台圜丘，为举行祭祀和决定社稷大事的神圣场所。

炮台山古城遗址

炮台山古城是汉魏时期三江平原，乃至东北亚极边地区目前发现的建制特殊、结构复杂、城坛结合，首次发现"北斗七星"祭坛的山城遗址，为敬天、礼地、法祖的祭祀之所。在凤林古城毁于战火后，炮台山古城便成为无人问津的荒山野丘。

第三节 挹娄文化

社会性质 在富锦出土的众多文物中，那些方格纹、篦形纹、叶脉纹、水波纹和网状纹的陶片，均为挹娄人的文化遗存。《三国志·挹娄传》载："矢用楛，长尺八寸，青石为镞。"《后汉书·挹娄传》以及先秦古籍《山海经·大荒北经》也都记载挹娄以"青石为镞"。《三国志·魏书少帝纪》所载挹娄献"石砮三百枚"。至于出土的铁器，经考证，并非挹娄人锻造，系从中原传入。可见挹娄仍以石器为主，处于石器向铁器过渡的时代。

富锦出土的汉魏陶器

从《三国志·挹娄传》"挹娄无大君长，邑落各有大人"的记载看，应该说这是挹娄初期社会管理的状况，与肃慎一脉相承，处于分散的部落管理状态，只有部落长（大人），没有部落联盟首领（大君长），尚未形成统一的部落联盟。而到挹娄中期（两晋时期），随着人口增加和部落间联系加强，社会管理有了明显的变化，邑落发展成具有国家初级形态的城邦之国（部落联盟），出现了统一各邑落的"大君长"。《晋书》载：挹娄人"父子世为君长"。这说明，这时的挹娄社会生产资料及社会财富已有了较高的集中，并有了严密的行政管理和组织框架，以及具有绝对权威的统一指挥。这就为建成规模宏大的凤林古城提供了根本保证，否则如此大的工程是根本建不起来的。这也是挹娄脱离夫馀统治后，"夫馀数伐之"，"卒不能服也"，"邻国畏之"的主要原因。

石铧　　　　　　　　　石凿

经济类型　从三江平原汉魏遗址群和凤林古城出土的一整套铁制和石制农具，以及凤林古城房址中发现较多的炭化粮食颗粒看，挹娄的经济虽秉承肃慎，渔猎业仍占有重要位置，但农业已成为主要经济形式，同时畜牧业、手工业也有了一定发展。所以《后汉书·挹娄传》载：挹娄"有五谷、麻布，出赤玉、好貂"。《三国志·挹娄传》载：挹娄"有五谷、牛、马、麻布"。《晋书》和宋朝综合性类书《太平御览》记载更为详细，挹娄"其畜有马、猪、牛、羊。不知乘马，以为财产而已。猪放山谷中，食其肉，衣其皮，绩猪毛以为布"。由此看来，挹娄的经济类型同肃慎相比，无疑进了一大步。这是一直依附中原的夫馀人，在挹娄中推行中原先进的生产、生活方式的结果。挹娄人虽然有了铁制农具，但并不具备冶铁锻造的能力和技术，所以都是从中原引进的。

把娄人生活情景

　　风俗习惯　由于富锦天气寒冷，男人冬天狩猎穿猪皮、狗皮衣服；女人穴居，穿布裙即可，布用猪毛和貂毛织成。夏天则裸袒，只用尺布遮蔽前后。

　　从凤林古城发掘情况看，城内房屋建筑技术有了很大的进步，由肃慎时期的地穴式发展为半地上半地下居室，即半穴式地窨子，多数为圆角方形。《后汉书·东夷传·挹娄》记载：地窨子"以深为贵，大家至接九梯"。中有火塘，靠梯子出入。可见地窨子以越深越好。深达九步阶梯的地窨子，约两米多深，显示出主人的经济地位和社会地位。在今天看来，属于豪华型住宅。

1984年集贤县滚兔岭
城址发掘的半地下房址

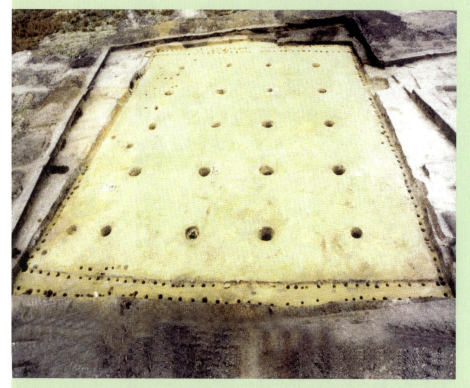

凤林城址七城区清理的半地下大型宫殿址（面积约 700 平方米）

　　婚姻仍为群婚制，但求爱时挺别致，男方将毛羽插到女方头上，女方同意就可领回家，然后再下聘礼。这表明男女两情相悦成为挹娄人婚姻的基础，开始从群婚制向一夫一妻制过渡。从《晋书》和《太平御览》"妇贞而女淫"的记载看，挹娄人婚前有较大性自由，男女的性生活不受限制，沿袭着母系社会的风俗，但婚后受到一定约束，说明挹娄人有了初步的道德观念，开始向父系社会过渡。

　　葬俗在《晋书》和《太平御览》中记载为"死者其日即葬之于野，交木作小椁，杀猪置其上，以为死者之粮"，"无四时祭祀也"。这种葬俗是用四根圆木搭成井字框架为棺，将尸体置于框内，以猪为殉葬品。可见挹娄的葬俗仍沿袭肃慎的原始天葬。

第三章

勿 吉

（公元386~577年）

南北朝时"挹娄"改称"勿吉"。《魏书·勿吉传》记载："勿吉国，在高句丽北，旧肃慎之地也，后魏谓之勿吉。"清代官修满族先世及其有关东北诸民族的重要史籍《满洲源流考》卷一载："勿吉即挹娄，为肃慎故地，分七部……"勿吉，通古斯语"窝集"的谐音，意为"山林里的人群"，也有人考证其意为"森林"。这个时期，中原正处于南北朝时期，经历了南朝的宋、齐、梁、陈（公元420~589年），北朝的北魏、东魏、北齐、西魏、北周（公元386~581年）。勿吉积极发展同中原王朝的关系，与中原联系更加频繁，先后臣服于北魏、东魏、北齐和南朝的刘宋。其中同北魏的关系始终密切和恭顺，长期保持朝贡关系，并派使臣乙力支开辟出了溯难河（今东流松花江），太泝河（今洮儿河），渡孤水（今西拉木伦河），达和龙（今朝阳），至平城（北魏首都，今山西大同）的交通线，对于连接黑龙江地区和中原地区发挥了重要作用。据有关资料统计，从北魏太和元年（477年）到东魏武定五年（547年）

的70余年间,勿吉通过这条道路共向中原王朝遣使朝贡达30余次,朝贡人数有时多达500余人,使臣计有侯尼支、侯力归、石久云等。其朝贡频繁,规模较大成为勿吉人朝贡的特点。

北魏时期女真先人分布图

第一节 社会性质

挹娄末期,由于夫馀人的残酷讨伐,破坏了挹娄发达的经济,阻碍了挹娄社会的发展。虽然挹娄人曾建有城邦之国,但尚未来得及形成庞大的民族,挹娄京都"凤林王城"就遭遇毁灭之灾,挹娄人被迫离开故土辗转流徙,分离成若干部落。沿袭到勿吉时期,社会仍处于松散的部落联盟阶段。故《魏书·勿吉传》记载:勿吉"邑落各自有长,不相总一"。但是,同中原的频繁交往,扩大了勿吉人的视野,唤起了勿吉人改变自身生存状态的强烈愿望。

为了寻找更广阔、更优越的发展空间,魏太和十八年(494年),部分勿吉人乘中原王朝无暇东顾之机,同仇敌忾地走出故乡,来到松嫩平原,一举将东夫馀人大部分驱赶到鸭绿江边,使之融于卒本夫馀(又称高句丽)之中。余下的东夫馀人越过嫩江,演变为豆莫娄(又称达末娄),后被勿吉后裔黑水靺鞨吞并。勿吉占据了富饶的伊通河流域后,形成了强大的军事同盟,成为当时东北地区一支重要的政治力量。但是,部分勿吉人的迁徙,导致松花江和七星河流域人口减少,同时,随着社会分化和社会贫富的分化,以及统治集团内部矛盾的加剧,促使社会进入了大变革、大动荡时期,使勿吉人失去了由挹娄时期的国家雏形发展成文明古国的机遇。但是,西迁的勿吉人还是圆了其祖先挹娄人的梦,演变为粟末靺鞨后,建立了与盛唐同期,有着繁荣经济和灿烂文化的渤海国。

第二节 勿吉文化

社会经济 初期的勿吉“以石为簇”(《魏书·勿吉传》),仍大量使用石器,少量铁器的形制大体与中原相同,是在入贡北魏时从中原带回来的。从出土的炭化种子以及“有粟及麦、穄,菜则有葵”和“其国无牛,有车马”,“多猪无羊”的记载看,勿吉人的社会经济秉承挹娄。但从“佃则偶耕”看,他们尚不会使用牲畜耕地,只靠人耕种,农业尚不够发达。西迁的勿吉人占据原夫馀之地,由于受夫馀和中原的影响,社会经济较比留在原地的勿吉人发达,主要体现在农耕经济的水平较高,为其形成粟末靺鞨奠定了基础。

勿吉的商品交换通过朝贡进行，采取以物易物的形式从中原获得生产生活用品。入贡时间多选在交通比较便利的冬天或夏

炭化的大麻种子

天。入贡物品为楛矢石砮和土产马匹。规模较大时，勿吉使者婆菲等一次即带领 500 多人参加，贡马达到 500 余匹，成为历史上东北各族朝贡中原政权人数最多、规模最大的一次。

勿吉人"嚼米酿酒"，女"服布裙"。表明勿吉人粮食已有剩余，并能进行简单的粮食加工和织布，虽不能说有了独立的手工业，但手工业已露端倪。

住宅建筑　勿吉人仍处于穴居阶段，尚不能建造地面建筑。从发掘情况看，房屋或建在高地上，或建在山岭的漫坡上，一般东西成排，南北成列，彼此间不相连属，间距一般 3~5 米。面积不等，小者 20~30 平方米，大者 60~70 平方米，有的超过 100 平方米，显然为显贵人家的住宅。房屋都是在穴底竖起立柱，支撑屋顶梁架，加大房屋跨度，增加住室建筑面积，一般 6 柱到 8 柱，多达 12 柱到 24 柱，柱有基石垫脚。顶部覆盖形式有：在地平面横上梁木的平铺式；以木做成人字架的角架式；用土覆盖顶部的土冢式；用树皮草叶遮掩顶部的遮蔽式；半面依山用土石砌成的

半壁式。穴壁随地势高低不一，居住面多经过加工处理，比较坚硬、平整。周围或竖木板、或石砌、或火烤、或叠木为墙，既可以防潮、防穴土坍塌，又显得屋里整齐美观。

房屋形制有两种。一种为取暖和炊事合二为一，屋内有火炕。火炕为曲尺形，一般设置在房屋的东北或西北部。炕多用土夯实筑成，中间有 1~3 股烟道，烟道上方铺有条、片状石板，石板表面涂抹一层 4~5 毫米厚的草拌泥。炕的一端是由灶门、灶膛、灶台组成的锅灶，处于房址内一侧，多是一方形硬面，中间有一小圆窝，炕的另一端是出烟口。另一种为无火炕的房屋，取暖炊事设施为一圆形或方形的地面灶，多位于房中央或近房中央处，类似挹娄人"中有火塘"的设施。

从富锦考古情况看，富锦境内的半穴式地窨子一般都建在江河谷地两岸的土丘或漫岗上，离河有远有近，规模有大有小，集中分布在一定的区域。1996 年 5 月富锦境内发现的七星河流域汉魏时期半穴式地窨子遗址群。东至大兴农场，西至锦山镇黑鱼四队，南至内七星河左岸，北至头林镇解放村南。如此大规模的汉魏时期聚落遗址群，在黑龙江省乃至全国均属罕见，充分呈现了富锦先人在这块

汉魏时期半穴式地窨子遗址群所在地

苍茫大地上开拓开发的恢弘场面和生动情景，同时展示了富锦所在的三江平原，自古就是一块适合人类生存的富庶之地。2000 年 6 月被国家文物管理局批准为国家级文物保护单位。

聚落形态是伴随着农业经济的出现和人类生活的定居应运而生的，其形态是社会内部组织及社会结构的真实反映。从富锦境内七星河流域汉魏时期遗址群的规模看，这里可能是一处高级聚落，具有较高的社会文明。但是，富锦位于三江平原腹地，适于农耕，土地开发、耕种较早，聚落遗址群在历史的长河中遭到不同程度的破坏，使我们一时难以再现历史帷幕后那曾经波澜壮阔的一幕幕活剧。这就要求我们，一方面要加大保护力度，尽量保持遗址原貌；另一方面要抓紧科学研究，挖掘汉魏文化留在富锦大地上的宝贵财富。

文化习俗 勿吉男人秉承肃慎，喜欢头插虎豹尾，初为打猎时恫吓猎物，后转化为纯粹的装饰品。

其婚俗为对偶婚，即不同氏族两厢情愿的成年男女双方，以女子为中心，建立一种时间或长或短、不受约束但保持相对稳定的同居形式。这比挹娄的群婚制婚姻制度进了一步。但仍保留男到女方家居住的习俗。"初婚之夕，男就女家，执女乳而罢，便以为定，仍为夫妇。"（《魏书·勿吉传》）可见，婚姻需得到女方的认可，尚没有发展形成父系家长对对偶婚的绝对权威。从《北史·勿吉传》"其妻外淫"记载看，勿吉人在主妇主夫之外，尚可以和父系大家族以外的人发生性关系。这一点同挹娄的"女淫妇贞"，同属原始群婚制的残余，只不过勿吉的性生活限制有了更明确的指向，那就是父系大家族以内绝不可以性自由。

其葬俗为"其父母春夏死，立埋之，冢上作屋，不令雨湿；若秋冬死，以其尸捕貂，貂食其肉，多得之"（《魏书·勿吉传》）。这说明勿吉人天葬、土葬并行。土葬为土坑竖穴，仰身直肢，无葬具。随葬物品或有或无，随葬物品一般为猪下颌骨或猪头骨，个别的为中原流入的五铢钱、铜耳环、铁镯等物品。这种葬俗显然是在同中原的联系中受汉族人的影响。天葬是将秋冬季节去世父母的尸体做捕貂诱饵或直接喂貂，以此为孝。这种看起来野蛮的葬俗系肃慎人古老的遗风。

第四章
DI SI ZHANG

靺 鞨

（公元550～926年）

靺鞨之名始见于北齐，词义有宝石、帕头、东夷乐器多种解释。《北齐书》卷七载："河清二年（563年），是岁，室韦、库莫奚、靺鞨、契丹并遣使朝贡。"可见到了北齐，勿吉改称靺鞨。这期间，中原经历了北齐、西魏、北周、隋、唐、五代（后梁、后唐、后晋、后汉和后周）、宋、辽等朝代，靺鞨同中原的联系更加紧密，中原对肃慎之地的管理愈加规范。富锦这块部落渔猎之地遂进入了设衙建制的历史时期。

第一节　靺鞨联盟

富锦族属　《旧唐书·北狄传》记载：靺鞨方位为"在京师东北六千里，东至于海（日本海），西接突厥，南界高丽，北邻室韦（蒙古族先民）"。《旧唐书》又载："靺鞨盖肃慎之地。"显然，富锦位于靺鞨属地。

据《隋书·靺鞨传》记载，靺鞨是由勿吉末期的部落群组成的部落联盟。《金史》卷一载："靺鞨本号勿吉。勿吉，古肃慎地也。"靺鞨各部落群相率遣使向隋朝贡献，以臣仆自居。据《旧唐书·靺鞨传》记载，到隋朝中期，靺鞨部落联盟趋于解体，分割为粟末、伯咄、拂涅、安车骨、号室、黑水、白山等七个部落，各部相距二三百里，各有酋长，不相统属，首领称"大莫弗瞒咄"。其中粟末部由西迁北流松花江的勿吉演变而成，称粟末靺鞨；留在松花江之东的勿吉演变为黑水部，称黑水靺鞨。欧阳修《新五代史》载："黑水靺鞨国，本号勿吉。"这两个部同族同宗，在靺鞨中最强大，其他部比较弱小。《吉林通志》载：黑水部位于"今三姓东北及富克锦左右地"。可见富锦隶属靺鞨联盟中的黑水靺鞨。

隋、初唐时期靺鞨诸部分布图

黑水靺鞨西北与契丹接壤，两个部族间经常争斗、劫掠。隋文帝在召见黑水靺鞨的使者时，对他们进行了训诫："我怜念契丹与尔无异，宜各守土境，岂不安乐？何为辄向攻击，甚乖我意！"（《隋书》）黑水靺鞨使者诺诺连声，叩头谢罪。隋文帝英明的少数民族政策，不但巩固了隋朝的统治，而且为边疆各族人民赢得了安定的生产生活环境。

黑水靺鞨　《新唐书·靺鞨传》记载了黑水靺鞨分布范围，"其地南距渤海，北、东际于海，西抵室韦，南北衺二千里，东西千里"。从今天地理方位看，黑水靺鞨地域北至鄂霍次克海，南至今鸡西、宾县一带，东至日本海，西至海伦、黑河以及结雅河流域（今俄罗斯境）。覆盖了黑龙江、松花江、乌苏里江流域和鄂霍次克海、日本海广大地区。这个地区拥有黑龙江出海口，黑水靺鞨通过这个出海口与海外的萨哈林地区、鄂霍次克文化的部族集团发生着联系、交流和融合，保证了黑水靺鞨的生存、繁衍和强盛。其渠长（部落长）阿固郎于唐武德五年（622年）到长安建立了"通好"关系。贞观二年（628年），阿固郎归顺唐太宗李世民，内服称臣。唐王朝把阿固郎所辖之地视为大唐领土。

黑水靺鞨为拥有16个部落的部落联盟。《新唐书·黑水靺鞨传》提到的思慕、郡利、窟说、莫曳皆、拂涅、伯利、铁利、越喜、虞娄等9个部落较大。其中思慕部位于今俄罗斯布列亚河（中国称牛满江）和阿姆贡河（亨滚河）上游地区（今俄罗斯共青城一带）；郡利部位于黑龙江入海口；窟说部位于库页岛北部地区；莫曳皆部位于库页岛东南部和日本海滨；拂涅部分布在牡丹江下游以东今密山县；伯利部位于今俄罗斯伯力；铁利部居住在今依兰县；越喜部位于松花江和乌苏里江下游；虞娄部分布在兴凯湖以东至日本海。显然富锦位于黑水靺鞨的越喜部。这些部落相继派使者与唐王朝建立了"朝贡"关系。

　　渤海政权　富锦设衙建制始于唐渤海国时期。渤海政权是在西迁的勿吉人演变为粟末靺鞨后，融汇了其他民族建立的。因此，渤海政权的发祥地可追溯到松花江流域。

　　隋朝建立后，粟末靺鞨就派使者朝贡，表示臣服。隋文帝设宴款待，并要求"尔等宜敬朕如父"，粟末使者表示"愿得长为奴仆"，可见粟末靺鞨与隋朝确立了政治上的从属关系。其首领突地稽率部千余户移居营州（今辽宁朝阳），被封为金紫光禄大夫、辽西太守。隋炀帝杨广即位，突地稽随杨广攻打高丽，立有战功。唐朝建立后，又转附于唐朝，唐置州县以处之，封突地稽为燕州总管，所以粟末靺鞨接受中原文化较早。唐圣历元年（698年）其首领乞四比羽、乞乞仲象被唐女皇武则天分别册封为许国公和震国公，同时被敕令镇守边疆。但乞四比羽、乞乞仲象图谋自立，拒受唐朝封号，唐朝遂派兵讨伐，乞四比羽被杀，乞乞仲象在逃亡途中病死，乞乞仲象的儿子大祚荣收集残部，逃亡吉林敦化，重整军威。唐朝廷军在天门岭（今吉林省境哈达岭）征讨大祚荣的战役中失利，大祚荣势力日强，遂据东牟山（今吉林省敦化市敖东故城）筑城，利用唐王朝给其父的封号，建立了粟末靺鞨第一个民族政权震国，大祚荣自封为震国王。其国在营州（今朝阳）东二千里，南与新罗相接，北至黑水靺鞨，东至大海，西邻契丹，"地方五千里，户十余万，胜兵数万"（《新唐书·渤海传》卷二一九）。

　　一个脱离了大唐王朝统辖的地方政权，显然不利于中原王朝

第四章　靺鞨

的统一和稳定。为了将震国纳入唐朝管辖之下，唐中宗神龙元年（705年），唐中宗刚柔并济，恩威兼施，在朝廷大军压境的情况下，派侍御史张行岌招慰大祚荣。大祚荣审时度势，便派遣自己的儿子大门艺入朝侍奉皇帝，实际上是做人质，表示归顺朝廷，臣属于唐的诚意。开元元年（713年），唐玄宗李隆基为表彰大祚荣的忠诚，也是为了进一步笼络他，便册封大祚荣为左骁卫大将军、渤海郡王，以其所辖区域为呼汗州，并加封大祚荣为呼汗州都督，改震国为渤海。渤海由此成为唐帝国一统天下而又享有自治权的地方政权。踌躇满志的大祚荣为了扩大势力范围，便开始对靺鞨诸部进行兼并。

渤海国方位图

建制肇始　在粟末靺鞨兼并靺鞨诸部过程中，其主要对手是黑水靺鞨。其原因是，在七个靺鞨部落中，黑水靺鞨不但较大，而且不像靺鞨其他部落那样通过渤海同唐朝联系，而是直接朝唐，接受唐王朝封授的官职。渤海政权担心黑水靺鞨在唐王朝的支持下日益强大，构成对自己的威胁，千方百计打压黑水靺鞨。黑水靺鞨为了抵御渤海的攻击，便向唐朝提出保护的请求。唐玄宗为了对靺鞨诸部分而治之，控制渤海政权的膨胀，便于唐玄宗开元十年（722年）封黑水靺鞨部落联盟首领倪属利稽为勃利州刺史，治所为伯力（今俄罗斯哈巴罗夫斯克）。开元十三年（725年），安东都护薛泰（薛仁贵之子）提请唐朝在黑水靺鞨内置黑水军，设果毅、折冲、都尉、郎将等军事官职。开元十四年（726年），为了进一步强化黑水靺鞨的地位，唐王朝在黑水靺鞨地区设黑水都督府，封黑水靺鞨首领倪属利稽为都督，隶属于幽州都督（治所在今北京市），下辖拂涅、虞娄、越喜、铁利、莫曳皆、思慕、窟说等部。开元十六年（728年），唐朝皇帝将自己的姓氏赐给倪属利稽，赏倪属利稽姓李氏，名献诚，授云麾将军兼黑水经略史，并在同唐王朝直接建立朝贡和封赏关系的拂捏、虞娄、越喜、铁利和黑水部落设州，任命部落首领为刺史，以图通过这一系列措施，强化黑水靺鞨对抗粟末靺鞨的能力。这样，富锦所在的越喜部便成为黑水都督府下辖的越州，其首领先后由乌施可蒙、乌舍利、乌里古稽等人担任。

但是，渤海政权兼并靺鞨诸部的既定方针不变。天宝元年（742年），渤海政权由吉林敦化迁至今黑龙江省宁安市渤海镇后，便乘唐王朝政治衰落，无暇顾及边疆诸夷管理之机，开始对靺鞨诸部进行大举进攻。由于越喜部最早越过渤海直接朝唐，自开元二年（714年）至开元二十九年（741年）前后入贡唐朝10余次，接受唐王朝封授的都尉、郎将等官职和锦袍、玉带等信物，所以，天宝元年（742年）夏，渤海郡王大武艺首先派兵向富锦所在的越喜部发起进攻。在渤海的凌厉攻击下，越喜部酋长乌里古稽于永贞元年（805年）向渤海郡王大嵩琳顺服称臣。黑水靺鞨其他各部在渤海的攻击中也连遭败北。元和十五年（820年）黑水都督府瘫痪，黑水靺鞨全部被渤海政权征服。

靺鞨诸部全部为渤海政权降服后，唐朝皇帝虽不情愿，但又无力改变既定事实，为维持对渤海政权的控制，便敕封宣王大仁秀为检校司空，渤海国王。渤海国遂成为唐王朝的藩属国。为仿效唐朝中央制度，渤海国设五京十五府，六十二州，一百几十个县。在大州设都督，小州设刺史，县设令、丞。地方建制与中原地区基本一致。

渤海国区域图

渤海国在原黑水靺鞨区域设怀远府。由于渤海文化在辽灭渤海国时遭到严重破坏，留下的文献资料很少，所以为后人考证渤海文化带来了一定困难。据《饶河县志》载：怀远府治设在今同江境内，而同江境内目前发现的渤海国时期古城只有勤得利古城，此城属何级别待考。按渤海政权把原有部落按"远者三四百里，近者二百里"置一州或领一县的规定（《渤海府州考》），怀远府下辖达、越、怀、纪、富、美、福、邪、芝等九个州，相当于现在的地区级行政机构。其中达州设在图斯克古城，下辖怀福、豹山、乳水三县；越州、怀州、纪州辖县不详；富州辖富寿、新兴、优富三县；美州辖山河、黑川、麓川三县；福州、邪州、芝州辖县不详。越州即黑水靺鞨时期的越喜部之地，州府设在今富锦大屯古城，越州遂成富锦建制之始，至今已1 180年。由此，富锦境域纳入渤海版图。渤海国自公元698年大祚荣建国，至公元926年为契丹所灭，共传15世，历时229年。

渤海国上京龙泉府遗址

大屯古城 大屯古城是目前富锦境内发现最早的古城。作为富锦最早建制之地，堪称富锦第一城。此城原为黑水靺鞨部落聚居地。从古城出土的具有渤海国风格的布纹筒瓦、板瓦和大青砖看，唐渤海国在此设越州后，开始大兴土木，建城筑邑。

大屯古城出土的布纹瓦

大屯古城出土的大青砖

从遗址看，该城距今富锦市城区 9 公里，东距大屯村 1.5 公里，西距清化村 2.5 公里。古城建在松花江南岸一条东西走向的漫岗上，地势北高南低，城东北角最高处海拔 76.4 米。古城为长方形，东西长 950 米，南北宽 425 米，周长 2 750 米，北偏西 25 度。城墙为夯土筑造，由于年代久远，大部分已遭破坏。北墙已被松花江吞没，东墙南段、西墙南段和南墙已夷为耕地，只有西墙北段隐约可见。残墙高约 2.5 米左右，东西两面护城壕隐约可辨。城门、瓮城和马面已无从辨认。古城西南原有一座周长 1 700 米的副城，现在也已渺无踪迹。放眼望去，这座曾在松花江畔傲立千年的古城，如今在人们面前却呈现为坦荡如砥的田野。

大屯古城遗址

虽然这座古城在社会嬗变和风雨剥蚀中荡然无存，但是，她在岁月长河中留下的信息已经深深地铭刻进每一寸土地。每当我们在晨风晓月中走进这座古城，耳畔仍然回荡着黑水铁骑开疆拓土的声声呐喊，眼前依然飞动着靺鞨勇士纵横驰骋的矫健身影。在这个曾经旌旗猎猎、鹿角声声的历史舞台上，那一个个叱咤风云的鲜活人物，那一个个前赴后继的动人故事，铸成了松花江流域恢弘壮丽的历史画卷。

第三节　靺鞨文化

社会性质　渤海国以农业经济为主，兼有狩猎和动物养殖。由于渤海国成员来源于处在不同发展阶段、从事不同类型生产的部落或民族，再加上地形、气候、资源等自然条件的不一致，造成经济发展水平的不平衡。大体说来，以其上京所在的今牡丹江中游地区为界，在它以西、以南地区是以农业为主的地区；以东和东北部地区，尚处在以渔猎和养殖经济为主的发展阶段。这一点可以从《新唐书·黑水靺鞨传》中有关黑水靺鞨"善狩猎"、"畜多豚"的记载中得到证明。因此，渤海国时期的富锦，仍以渔猎和养殖经济为主。挹娄、勿吉时期比较发达的农耕经济，在民族迁徙和社会大变革中停滞不前，体现了历史的发展曲折而艰难的规律。

但是，在大屯古城的实地考察中发现，古城内有渤海时期广为种植的山葱、野蒜、山葵等植物。可以看出在渤海国以农业经济为主的先进生产方式的推动下，富锦原始的种植业有了较大进步。这说明渤海国的先进文化对富锦的兴旺发达产生了重大影响。

这个时期黑水靺鞨仍在使用石器。《新唐书·黑水靺鞨传》载："其矢石簇，长二寸，盖楛砮遗法。"但在出土文物中，这个时期铁器种类繁多，工艺先进，表明靺鞨诸部虽不能冶铁（冶铁是铁器时代的标志），但已能加工制造铁器，处于从石器时代向铁器时代过渡的阶段。

石　镞

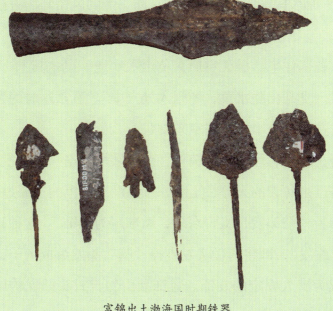

富锦出土渤海国时期铁器

文化风情　　渤海国"崇尚华风"，"革故维新"，国势日盛，雄踞北方，与盛唐同期创造了繁荣的经济和灿烂的文化。名贵特产有"太白山之菟、南海之昆布、栅城之豉、扶馀之鹿、鄚颉之豕、率宾之马、显州之布、沃州之绵，龙州之紬、位城之铁、卢城之稻、湄沱湖之鲫，果有丸都之李、乐游之梨"（《新唐书·渤海传》）。都城建设在当时可与唐朝王宫相媲美。曾涌现出一大批才华横溢的文学家、诗人和书法家。留存下来的渤海诗文虽然不多，但体裁多样，有绝句、律诗、古风、七言、五言。渤海的诗曾得到晚唐诗词大家温庭筠的赞誉。

富锦一带地处松花江、黑龙江、乌苏里江纵横交汇之区，森林茂密，地广人稀，留在原地的勿吉人没能重振挹娄人的雄风，使富锦一带久为渔猎之地，再加上黑水靺鞨被渤海国征服较晚，所以文化相对不够发达。渤海国的几大特产皆不在三江平原。从

《新唐书·黑水靺鞨传》记载看，富锦一带的风俗与渤海国也有较大出入。

黑水靺鞨住宅"居无室庐，负山水坎地，梁木其上，覆以土，如丘冢然。夏则出随水草，冬则入处穴中"。看来这时的黑水靺鞨仍通过建造半地上半地下居室来御寒。

葬俗为"死者埋之，无棺椁，杀所乘马以祭"。这说明黑水靺鞨的葬俗已由勿吉的天葬、土葬并行向没有棺椁的土葬过渡。

服饰为"俗编发，缀野豕牙，插雉尾为冠饰"。这种"前薙后辫"的"编发"，即将前额头发剃掉，脑后头发编成辫子，沿袭到清朝，成为满人固定的发饰。冠饰品由勿吉时头插虎豹尾，改为精美的野鸡尾，乃至成为辽金时期出征将士展示威武雄壮的象征。

黑水靺鞨长居严寒之地，过着游猎生活，收入不稳定。为了生存，他们常常采取掠夺的手段。《吉林通志》载：黑水靺鞨"尤称劲健，每恃其勇，恒为邻国之患"。因此，"常能患他部"，经常对邻部发动战争。这种战争，如恩格斯所说："只是为了掠夺，战争成为经常的职业了。"（《家庭、私有制和国家的起源》）这种职业使他们形成了耐寒忍饥，擅长骑马射箭，勇悍不怕死的思想观念，并把这种观念融于其民族传统中。在掠夺战争中，由于分配不公，导致黑水靺鞨内部出现了等级制度，其酋长选举由原来的禅让制变成了世袭制，标志着原始社会形态开始解体。

第五章

DI WU ZHANG

女 真

（公元916～1368年）

"女真"一词最早见于辽宋史籍，在女真语中读"朱先"，与"肃慎"、"朱理真"、"虑真"均为一音之转，其意有人考证为东方之鹰，即海东青。宋代史学名著《三朝北盟会编》载："女真，古肃慎国也。本名朱理真，番语讹为女真。"公元907年，东北古老民族东胡鲜卑系的契丹族耶律阿保机建国，国号契丹（947年易国号为大辽），建都上京临潢府（今内蒙古赤峰市巴林左旗林东镇南郊南波罗城），鞑靼遂改称女真，经历了辽、金、元、明历史时期。

第一节 辽代女真

公元926年契丹灭渤海国后，辽王朝将渤海国改建为东丹国（东部契丹之意），忽汗城改为天福城，册立皇太子耶律倍主持东丹国。东丹王权力很大，仅次于契丹皇帝，东丹国遂成为辽国具有相对独立性的地方政权。原属渤海国管辖的富锦一带成为东丹国的舆地。

宋辽时期全图

　　渤海国灭亡后，渤海人不甘心辽国的统治，陆续逃亡高丽和中原地区。为了加强对女真人的统治，根据东丹国的建议，辽王朝将渤海遗民约9.4万余户、47万余口人强行迁徙到今辽宁和东蒙地区，同渤海国灭亡前迁徙来的女真人融合到一起，形成了辽阳以南的曷苏馆女真和南女真、今开原一带的北女真和乙典女真、今鸭绿江流域的鸭绿江女真、今乌兰巴托西北的奥衍女真、今吉林省农安县的黄龙府女真、今吉林省海龙县和柳河县一带的顺化国女真等女真部落。历史上把这些女真部落称为熟女真或辽系女真，而那些散居在白山黑水间原黑水靺鞨地区没有纳入辽系的女真人被称作生女真。

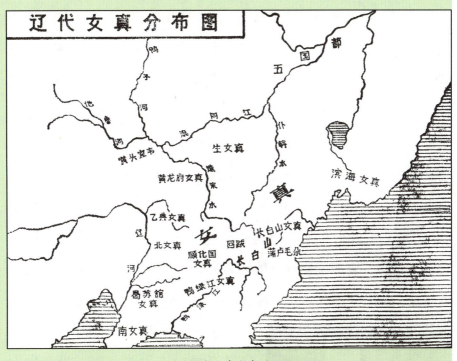

辽代女真分布图

在管理上，对熟女真或辽籍女真一是直接由辽统治，归辽枢密院管辖，由契丹人或渤海人担任节度使，平时不出租税，仅在作战时服兵役；二是辽不直接管理，委派女真各部酋长为大王、宰相等官职，管理本部，经常向辽朝贡，进行贸易。而对生女真初期由辽地方政权东丹国管辖，授予官职。辽应历二年（952 年），辽穆宗废黜东丹国王后，生女真由辽直接统管。但生女真不系辽籍，辽只是沿边境修筑城堡，由生女真派兵驻守，属于宗主国藩属的羁縻性质。富锦当时属于辽羁縻管辖下的生女真所在地。

越里笃国 当时女真人还没有形成统一的女真族。生活在松花江下游两岸的生女真人系挹娄、勿吉、黑水靺鞨的后人，逐渐形成了五个大的部落，并建有自己的城池，历史上把这五个城池称为五国部。《吉林通志》称："五国部今三姓富克锦境。"五国即剖阿里国、盆奴里国、奥里米国、越里笃国、越里吉国。其中越里吉国在今依兰县治，盆奴里国在今汤原，奥里米国在今绥滨，剖阿里国在今俄罗斯哈巴罗夫斯克（伯力），而越里笃国则建在富锦大屯古城（一说在桦川县东北之万里和通古城，即瓦里霍吞古城）。越里笃女真是山洞、洞穴、石室之意。越里笃为讹里骨同音异写。讹里骨即今赫哲语乌尔古力一音之转。按女真语以地域命名的习俗，越里笃国设在大屯古城当确凿无疑。当时松花江下游两岸的生女真人除了五国部外，还有规模较小的没然、铁骊、兀惹、鳖古（又称鼻骨德）、主偎、秃答等部落，史家统称这一地区为五国部。由于民族矛盾和阶级矛盾激化，各部都建有自己的城池防备外部入侵，一时边城四起。

辽圣宗统和元年（983年）冬，辽廷开始向五国部进军，收服生女真诸部。统和二年（984年）春，五国部归降辽朝。辽廷令五国部"留居本土，以镇东北境"，归东京道黄龙府都部署司所辖，派黄龙府耶律隗洼任监领五国部的"行察"节度使，对五国部实行监领下的自治。五国

五国城遗址

部成为辽羁縻管辖下的民族区域政权。其中五国部中的鳖古部繁衍生息在布库河以及松花江与黑龙江汇合处。

布库河又称鳖古水，元称孛苦江。鳖古水位于今富锦东部富民一带的喀勒达河，俗称莲花河，清时称佛罗多衮。辽太宗会同三年（940年）秋，鳖古部酋长被契丹皇帝耶律德光封为国相。国相又称"国论忽鲁勃极烈"，或"国论国相"，是生女真部落联

盟首领都部长（都孛堇）的左右辅臣，地位很高。勃极烈是孛堇的转音，是部长之意。国相之下有诸孛堇，即诸部长。部长之下有猛安、谋克。各村寨有"村蕃长"，即村寨长。

富锦喀勒达（莲花）河

由于契丹对五国部实行武力征服、种族压迫和经济剥削政策，引起五国部时叛时降。辽便对五国部进行频繁征讨。辽圣宗统和四年（986年），辽廷派枢密使耶律斜轸为都统，在征讨五国部叛乱时，一次从五国部掠夺生女真10万余人，马20余万匹，致使五国部的生产力遭到严重摧残，社会处于动荡之中。

辽兴宗重熙六年（1037年），越里吉国人尚海等告发五国部酋帅浑敝（又译作坤长）贪污不法，部民不堪浑敝的专横，纷纷逃亡。辽廷遂下令罢免五国部酋帅，将酋帅自治改为由朝廷直接派驻节度使管辖治理。这是辽廷管辖东北境重要军政建制，也是对五国部地区强化统治的重要举措。

女真统一　女真各部的统一是以生女真完颜部为核心进行

的。生女真人有 30 多个由部落或部落联盟形成的民族共同体。各部落"自推雄豪酋长,小者千户,大者数千户"(《三朝北盟会编》)。每个部落内分若干个族帐（相当于村寨）。每一个族帐大约 30 户到 50 户,是一个由父系大家族发展而成的父系家族公社。他们"种类虽一,不相统属,自相残杀,各争雄长"。社会处于动荡、分裂的局面。生女真各部的统一,已是当时社会发展的历史趋势。

完颜部在兼并生女真各部时,一直在利用辽朝的力量压服不顺从完颜部的生女真各部来发展壮大自己,以此取得统治生女真的权力。阻绝鹰路事件就是金穆宗蒙骗辽廷不得不依靠自己,放手任他吞并生女真各部采取的计谋,是完颜部统一女真采取的重要战略举措。

完颜部是黑水靺鞨的后裔,原居仆幹水（今牡丹江）,是女真同辽建立联系比较晚的部落。完颜部从始祖函普开始,经乌鲁、跋海,形成了比较先进的治国理念,即以"条教为制",并用武力推及相邻诸部,"不从者讨伐之"。所谓"条教"也就是"法治",即推行猛安谋克制,用地缘政治代替血缘政治,这对加强女真内部和解和团结发挥了巨大作用。至公元 11 世纪初叶昭祖石鲁时,完颜部迁到按出虎水（今阿什河,此地为隋唐时靺鞨联盟的安车骨部）定居,开始种植五谷,制造舟车,建筑房屋,学会了烧炭和炼铁。完颜部强大以后,越出了部落联盟阶段,形成了以完颜部为核心的庞大的军事同盟。到景祖乌古迺时,继续推行昭祖之制,兼并诸部。一方面借辽朝威势压制不服的部落,一方面委任颇剌淑为国相,专门负责同辽联系,不断用计谋骗取辽廷官员的信任。1049 年景祖乌古迺平定了反叛契丹的五国部蒲奴里部节度使拨乙门。辽兴宗大悦，在寝殿召见了他，擢升乌古迺为生女真节度使，为辽廷总理生女真部族事务，生女真各部尊其为太师。从此，完颜部酋长成为辽在生女真诸部中的代理人，有了统治生女真各部的权力。从昭祖开始形成的军事同盟到景祖时更为强大，征服了军事同盟中分裂和反叛的部落，取消了各部落联盟的"信牌"，统一了号令。东南自图们江流域，东北至松花江下游，西至辽边，管辖的部落达到47部之多。到乌古迺第五个儿子完颜盈歌接任生女真节度使时，巧妙地利用"鹰路"发展壮大自己，加快了兼并统一女真的步伐。

辽天祚帝骄奢淫逸，爱好打猎。出猎时喜欢让海东青和猎犬紧紧相随。由于海东青是捕猎能手，天祚帝便强行让女真人捕捉海东青进贡。松花江下游及与黑龙江接界处是海东青主要产地。生活在这里的女真人以擅长捕捉这种名禽而著称，自然这里成为辽国皇帝征索"海东青"的主要地方，并形成了西起黄龙府东至黑龙江入海口全长5 000余里的"鹰路"。每年辽捕鹰使者来来往往，络绎不绝。辽使者除了榨取生女真人的人参、貂皮、名马、北珠、俊鹰、蜜蜡、麻布等财物外，还要他们献美女伴宿，既不问出嫁与否，也不管贵族平民，任意凌辱之，称之为"荐枕"。这更加激起了女真人的无比仇恨。

海东青

1096年，陶温水（今汤旺河）、徒笼古水（今鹤岗市以东都鲁河）纥石烈部阿阎版及石鲁出于对辽国残暴罪行的愤恨，经常在"鹰路"上设埋伏，挖陷阱，置绊马索，阻挡辽通往五国部的鹰路，并执杀辽捕鹰使者。辽诏令完颜盈歌讨伐之。完颜盈歌为了赢得辽国的信任，降服不顺从自己的女真部落，便雷厉风行，一举攻进纥石烈部城池，救出尚生存的辽使数人，送他们回到辽国，赢得了辽的赞赏。

正当完颜部加快进行统一女真步伐的时候，遇到了位于今延边地区女真星显水纥石烈部都部长阿疎的阻碍。阿疎依仗同辽关系密切，与完颜部分庭抗礼。盈歌试图安抚阿疎，可阿疎不但不理睬，反而伙同对完颜部心存不满的部落造反。盈歌忍无可忍，亲率大军两路进发，决心踏平阿疎城。阿疎见状急忙投奔辽，控告完颜部。辽廷为遏制盈歌势力的壮大，便遣银牌天使前来阻止盈歌进兵。盈歌虽心有不甘，但又不能同辽国公然对抗，表面统军回师，暗里命令劲者部长驻兵城外监视围困阿疎城。阿疎城守将无奈，便出城投降。阿疎的弟弟负隅顽抗。辽廷闻讯立即派使臣前来督促双方罢兵。盈歌用计骗走了使者，劲者部顺利攻下阿疎城，斩杀了阿疎的弟弟。辽道宗闻讯大怒，责令盈歌："凡攻城所获，存者复与之，不存者备偿。"并且征良马数百匹，以示惩戒。

这是完颜盈歌建立太师府就任生女真节度使以来，辽廷采取的第一个强制措施。盈歌感到形势严峻。如果赔偿了阿疎，女真各部就再不会听从他的号令；如果不赔偿，就会引来杀身之祸。于是他同幕僚商量后，立即命令主隈（今萝北县佛山镇之扎伊芬河流域）、秃答（今鹤岗市以东的都鲁河流域）两部之民假装阻绝鹰路。又指使鳖古德部节度使对辽廷说："欲开鹰路，非生女真节度使盈歌不可。"以此抬高完颜部的地位，强调盈歌的作用。主隈、秃答两部之民本来就痛恨辽捕鹰使者，有此安排，简直是天赐良机。他们立即联合起来，在苇场南都鲁河地方设陷阱，挖陷马坑，捕杀辽捕鹰使者数人，阻绝鹰路达数月之久。老迈昏庸的辽道宗果然中计，命令盈歌讨伐阻绝鹰路者，将赔偿阿疏一事丢到了九霄云外。

盈歌接到辽廷讨伐阻绝鹰路者的诏令后，明里率部大造平定阻绝鹰路的声势，暗里却到土温水（今汤原）打猎去了。被蒙骗的辽廷竟派使者犒赏平鹰路之有功者。盈歌将辽所赏之物分给主隈、秃答两水之民，赢得两水之民拥戴。1103 年，主隈、秃答、鳌古等部脱离了辽的统治，归顺了完颜部。盈歌不但堂而皇之地维护了完颜部在女真各部中的威信和地位，而且借机壮大了自己的力量。

盈歌阻绝鹰路计谋的获胜，不但使辽不得不依靠他，而且不再干涉他兼并女真各部。这是女真在崛起的过程中，完颜部兼并统一女真的睿智之举，是女真族由弱到强，由受欺压到奋起反抗的转折点。后来，阿骨打在头鱼宴上对天祚帝的蔑视，在宁江州大破辽兵，就是完颜部在这个转折之后写下的光辉篇章。

反辽帷幕　辽圣宗太平四年（1024 年），由于嫩江与第二松花江汇合处称混同江，故松花江由鸭子河改称混同江。此地水草丰茂，雁鸭成群，被辽国视为皇家林苑。每年春暖花开时节，辽国皇帝都要到这里踏青垂钓，弯弓游猎，并召集女真部落首领前来觐见，欢聚一堂，用钓到的第一条鱼举行"头鱼宴"，摆功评赏，张扬威风。

辽天庆二年（1112 年）春，骄奢淫逸的天祚帝耶律延禧带大队人马，前呼后拥，来到混同江畔行宫（今肇源县出河店古城）举行一年一度的"头鱼宴"。混同江千里以内的女真首领按照惯例前来朝见辽主，贡献方物。由于完颜部首领乌雅束伤病在身，便由其弟阿骨打带领其他弟弟吴乞买、粘罕、胡舍替其来觐见。

天祚帝行宫遗址

混同江畔行宫旌旗林立，张灯结彩，鼓乐齐鸣，欢声如潮。宴会上，天祚帝见女真首领恭敬有加，十分高兴，便借酒意命令女真首领跳舞，一是助兴，二是扬威。女真首领虽然不情愿但也不敢违抗。阿骨打对天祚帝的飞扬跋扈十分反感，在其他女真首领翩翩起舞时，他端坐不动，以示蔑视。天祚帝将着胡须，逼视着阿骨打说："你为何不跳？"阿骨打不卑不亢地说："不会！"

众所周知，能歌善舞是女真人的传统。天祚帝对阿骨打的怠慢非常恼怒，但碍于女真首领全部在场，恐有不测，当场没有发作，私下授意枢密使萧奉先杀掉他，防患于未然。萧奉先昏庸无能，根本没看出阿骨打的非凡之举，便以女真人不懂礼节，不必在意为由劝说天祚帝不要计较，天祚帝才罢休。

完颜阿骨打（1068—1123），又名完颜旻，是景祖乌古迺的次孙，身长八尺，状貌雄伟，举止稳重，沉毅寡言，胸有大志，是女真族的杰出首领。童年时肯学习，好弓矢，善骑射，被辽朝封为"详稳"

金太祖完颜阿骨打

（即将军）。到 23 岁时，就力农积谷，练兵牧马，参与政事，屡立战功。完颜部许多重大变革和规定，往往出自阿骨打的主张。因此世祖曾对穆宗说："唯此子足了契丹事。"阿骨打对女真各部，或以和取之，或以强掠之，对辽国权贵则以金银、珍珠、良马奉赂。不但是骁勇善战的武将，而且是工于心计的政治家。

这次"头鱼宴"上阿骨打拒舞，是阿骨打同辽国皇帝的精神较量，是女真同契丹两大民族在决定命运的殊死大战前的一次预演。混同江宴归来后，康宗乌雅束去世，阿骨打接任生女真都勃极烈（地方最高官员），被辽授予生女真节度使称号。阿骨打乘势"建城堡，修戎器"，进一步吞并了居住在辉发河流域的辽籍女真部落，做反辽准备。辽遣使责问，并几次召阿骨打入朝，阿骨打称疾不去，同辽的关系濒临剑拔弩张地步。

辽天庆四年（1114 年）九月，阿骨打认为时机成熟，于涞流河（今黑龙江省与吉林省交界处的拉林河）下游左岸 7 公里处（今吉林省扶余县石碑崴子屯东 1.5 公里的岗阜上）誓师伐辽，命诸将"传梃而誓"。誓约为："汝等同心尽力，有功者，奴婢部曲为良，庶人官之，先有官者叙进，轻重视功。苟违誓言，身死梃下，家属无赦。"明确表示有功者赏，有罪者罚，这在当时极具诱惑力和威慑力。

涞流河誓师后，阿骨打的部队士气大振，一举攻取了宁江州（今吉林省松原市宁江区伯都讷古城）、涞流城（今黑龙江省五常县营城子古城遗址）等地。十月，辽国出兵 10 万征讨阿骨打。阿骨打亲率 2 500 人迎战，在出河店（今黑龙江省肇源县西南茂兴）大破辽兵，取得了以少胜多的战绩，进而占领了辽的东北边境地区，把生女真和熟女真诸部联结起来。1115 年阿骨打在汉族知识分子的谋划下，称帝建国，国号大金，取金不变不坏、国运绵长之意，都会宁（今黑龙江省阿城市白城），年号收国。这标志着女真民族共同体已经形成，奴隶制开始代替氏族制，宣告了有一百多年历史的辽王朝末日已经来到。

金太祖阿骨打陵址

大金得胜陀颂碑

金政权建立后，将最初誓师地命名为"得胜陀"。1185 年 4 月，金世宗完颜雍到此处览物记胜，追怀先帝创业之功，决定"刻颂建宇，以彰圣迹"，便在此地立起高 3.28 米的青石大金得胜陀颂碑。碑由首、身、座三部分组成。碑首浮雕四条蟠龙，龙身相交，龙首向下，龙目圆睁，龙须蠕动，活灵活现，栩栩如生。正面龙身盘曲间留额心，镌刻"大金得胜陀颂"六个篆体字。碑身左右边缘阴刻忍冬草纹饰，正面刻有汉字碑文 815 字，背面刻有女真大字碑文 1 500 余字。碑座为龟趺。

经济社会　早在汉魏时代，女真先人就有了农业。南宋使者陈准女真实地考察记《北风扬沙录》载：其"颇事耕艺"。《大金国志》载："喜耕种。"可见到辽代女真的农业经济更为发展。从富锦市兴隆岗镇高台子村辽代遗址"土围圈"看，生女真的农业规模在扩大。"土围圈"位于高台子村西500米一条东西走向漫岗上，周长约750米，土墙为一相对高度0.5～1米的慢坡状土棱，为辽代从事农耕的生女真人固定居址的围墙。这说明，富锦的农业有了一定的规模。这个时期，出现了犁耕农业。耕作方式由"佃则偶耕"，发展为普遍采用牛耕。采用牛耕是农耕经济划时代的里程碑，不但促进了农耕经济的发展，而且创造了源远流长的"牛文化"。富锦是耕牛的祖先野牛繁衍生息之地。

富锦考古爱好者付德印在富锦的松花江畔发现一对情侣野牛头盖骨化石，整体通长160厘米。经考古工作者考证，大约在两万年前，成千上万只野牛生活

富锦高台子村辽代"土围圈"遗址

在松花江流域。这种野牛头上长着一字形牛角，体型巨大，体重与大象一样，被考古学家命名"松花江野牛"，是考古学家公认的全世界体型最大、体重最重的野牛品种。而付德印收藏的这一对

情侣野牛角，是目前发现的较长的野牛角，堪称松花江下游第一牛。而就是这松花江下游第一牛，两万年前就生活在富锦这片沃土上，成为富锦远古史上的一大亮点。尤其它们生前形影不离，死后又同眠一穴，更是远古史的奇迹。

松花江野牛角

牛在中国的历史上，有着极为重要的位置。牛帮助人类垦荒种田，为人类创造了财富，推动了人类历史的进步与发展；牛吃苦耐劳、不思索取、勇于奉献的精神，形成了博大精深的牛文化。崇牛，爱牛，敬牛，在中国历史上已成风气。"牛"字原本只是一个单纯的名词，历经源远流长牛文化的熏陶，在人们的意识和日常生活用语中，升华为"最美"、"最佳"、"最好"、"最棒"、"最帅"、"最优秀"的代用词。

这个时期，畜牧业，尤其牧马业有了较大的发展。从《金史·世纪》"凡有杀伤人者，征其家人口一，马十偶、牸牛十，黄金六两"的记载看，生女真不但经常向辽宋入贡和交易牛马，而且牛马成为生女真人财富的主要表现形式，赔偿，谢礼，聘礼，赎人，都用牛马。

手工业虽没成为独立的经济部门，但《大金国志》等书记载生女真出"生金、细布"，表明生女真有了纺织业和淘金业。商业进一步活跃，生女真通过入贡和民间贸易的形式同辽以物易物。生女真用牛马、黄金和人参、松实、蜜蜡、天南星、白附子等药材交换宋辽的布帛和铁器。这种交易很频繁，一度达到"道路缫属"的地步。

家庭形态　到辽代，生女真由一个父亲所生的数代子孙和他们的妻子集体居住形成的父系大家族，转变为按小家庭居住。《金史·世纪》载："生女真之俗……生子年长即易居。"但是，由于刚刚形成的小家庭很难完全独立，因此，"兄弟虽析，犹相聚种"（《金史·世纪》）。虽然兄弟各自为家，但仍保持血缘联系，一起从事生产活动，既具有家庭公社的特点，又具有农村公社的特点。总体看，辽代生女真社会主要组织形态仍是家庭公社。

到辽代后期，由于生女真各部的迁徙、兼并，家庭公社中出现了许多外来的自由民和非自由民，使血缘的家庭公社开始转变为地域公社，为金代猛安谋克的形成奠定了基础。

生女真小家庭的形成，为私有制的形成提供了条件。一是在生女真不断对邻部发动的掠夺战争中，由于对掠夺来的财富分配不平均，促使一部分人先富起来；二是掠夺来的人口和一些犯法的女真人成为奴婢；三是经不起天灾人祸打击的小家庭不断破产贫困，导致生女真内部贫富分化，富者拥有马数百匹，贫者甚至卖妻子偿债，出现了奴隶和奴隶主。生女真社会开始由原始社会向阶级社会过渡。

文化习俗　辽代生女真人以"海东青"为图腾。"海东青"是猎鹰的一种，搏击长空铸就了一双矫健的翅膀，高瞻远瞩练出了两只锐利的眼睛。《吉林通志》称："海东青"，"羽中虎也"，"一日能飞两千里"，不仅是生女真打猎必备猎鸟，也是生女真心目中最崇高、最神圣的英雄。振翅翱翔、一往无前的"鹰气"充满了女真人的精神世界。在同辽、宋的较量中，女真人腾飞于白山黑水之间，翱翔在草原平川之上，犹如"海东青"搏击长空之势，一举剪灭了辽、宋两个强大于女真数倍的封建帝国，建立了金国，问鼎中原一百多年。从此，女真人的"鹰气"融入了中华民族的精神之中。

猎鹰海东青

辽代生女真已形成一夫一妻制家庭，婚俗严禁同姓为婚。订婚方式多种多样，一方面保留了原始的自由订婚习俗，一方面形成了父母包办、指腹为婚、买卖婚姻和抢婚等订婚方式。但自由订婚的习俗在平民中保留时间较长，当女孩子达到结婚年龄时，就到路上去唱歌。在歌中介绍自己的家世、才能、外貌，表示要找伴侣。听者如有意娶她，向她求婚后，就可以带她回家，然后再补礼物，一起到女家告诉她父母。基本上过渡到女方到男方家居住，只有少数生女真人保留男方到女方家居住习俗，婚后先到女方家服役三年，才能回男方家居住。娶妻需行聘礼，行聘用"牛马为币"。仍保留"父死妻其母（后母）"，"兄死则妻其嫂，叔伯死则侄亦如之"的群婚制残余和收继婚旧俗。

葬俗仍沿用没有棺椁的土葬，但是随葬品的变化触目惊心。人殉成为辽代女真葬俗的特点。除沿袭杀死者乘坐的马殉葬习俗外，奴隶主竟生焚宠爱的奴婢殉葬，这是女真社会由原始社会向阶级社会过渡的一种表现。葬礼中，对死去的亲友用割破额头的血送葬，谓之"送血泪"。

饮食比较原始。以豆为酱，以半生米为饭。米用稗子（古时一种作物）舂成。以生狗血及葱韭做酱为副食。肉或生吃，或熟吃，尤其喜欢将熟肉和菜捣成肉馅而食。贵族饮食和平民差不多，只是肉类丰富一些。饮食器具主要是木器。一是因为女真人的陶器粗陋，而瓷器又难以得到；二是木器便于女真人游猎携带。女真人已能酿酒，饮酒时用木勺子自上而下循环酌之。

辽代女真人服饰用麻布或兽皮制作，喜欢穿白衣服，其中一些丝织品来自中原，贵贱以布的粗细为别。富者秋冬以貂鼠、狐貉或羔皮为衣；贫者以牛、马、猪、羊、猫、犬、鱼、蛇、獐、鹿、麇之皮为衣。男人衣短，左有大襟；妇女上衣没有领，下身穿锦裙，类似汉族的道服。女真女人辫发盘髻，两耳垂金、银环为装饰；男人则沿袭黑水靺鞨"前薙后辫"习俗，即剃去头顶前部头发，将脑后头发梳成辫，用色丝系之。

辽代女真人服饰

辽代女真人主要信奉由万物有灵论、祖先崇拜和巫术糅合而成的萨满教。巫术渗透到女真生产、生活的各个领域。女真首领既是部落酋长，又是萨满（巫者），兼宗教、军事职能于一身。巫术成为女真首领运筹帷幄、指挥作战的重要手段。由于受汉族和契丹族影响，也有人信奉佛教。

辽代生女真人长期没有本民族文字，通常用结绳、刻木之类原始方法记事。他们既不懂汉文，也不懂契丹文，至多懂契丹语，仅仅凭记忆往来传话和充当翻译。他们没有成文的天文和历法，以"青草几度"来判断岁月。

女真人喜爱歌舞。婚嫁、宗教仪式和宴会都有歌舞，并且人人都会。其舞蹈粗犷、彪悍，很多都是战斗和狩猎内容。其乐器为鼓笛，其歌如鹧鸪声，既哀切凄婉，又苍凉悲壮。

住宅因为有了类似火炕的取暖设备，由半穴居转为地上定居。房屋以木做屋架，以木板和树皮做墙壁和屋顶，仅向东南开一门。室内"穿土为床，炽火其下，而寝食起居其上"（《三朝北盟会编》）。这种房屋虽然比较简陋，但这是肃慎及其后裔在住宅建设上划时代的进步。而地窖子因其实用性和简便性，在较长历史阶段仍是肃慎后裔的居住形式，直至近代人们在野外勘探、伐木、渔猎等生产活动中仍在使用。尤其在军事活动中应用更为广泛，地道、地下指挥所、人防工程都是由地窨子演变而来。

道路交通　辽国时期，随着各部族的繁衍，城郭村寨的增多，三江平原的道路逐渐由走向不清和游离不定趋于定型，形成了一些主要交通干线，尤其朝贡道路颇具规模。为征索"海东青"（猎鹰）形成的"鹰路"，由辽国首都上京临潢府（内蒙古赤峰市巴林左旗林东镇南郊）通往奴儿干城，全长5 000余里。

这条道路之所以称为鹰路，是因为辽朝须由此路获得五国部盛产的名鹰海东青而得名。五国部辖域广阔，东濒日本海，北至鞑靼海峡，南以兴凯湖、乌苏里江上游为界，往西约至依兰县境。境内多高山密林，冬季气候酷寒，地形险峻。当地山林有一种名禽海东青。这种鹰体矫健而猛悍，在搏击人字形天鹅阵时，死咬头鹅不松口，令鹅阵大乱，七零八落地向地面林荫中逃避，暗藏的行猎者乘机纷纷出动，张弓齐射。金代一位诗人把海东青搏击天鹅的场面描写为"搏风玉爪凌霄汉，瞥日风毛堕雪霜"，表现了对海东青以小制大、坚毅勇猛的赞誉。因此，海东青成为契丹皇帝最喜欢的猎禽。据清光绪年间出版的《吉林通志》载："五国部之东邻大海（日本海）出名鹰。自海东来者谓之海东青。小而健，能擒鹅鹜，白爪尤以为异。辽人酷爱之，岁岁求之。"早在唐代，海东青即被视为珍禽。靺鞨人建渤海国后，曾130余次派使臣向唐王朝进献海东青或其他名贵土贡。朝廷赏赐甚厚。李白曾有诗云："翩翩舒广袖，似鸟海东来。"可见海东青不仅性猛善猎，而其凌空翱翔的姿态也足以荡人心魄。

搏击长空的海东青

　　辽朝皇帝和契丹贵族喜食天鹅，并以其翎羽作为华丽的装饰品。天鹅飞翔高远，长弓利箭和一般鹰雕皆不能及，唯有海东青可捕捉，因而此鸟便成为他们最喜爱的猎禽。每年春季猎捕天鹅是辽帝和贵族们的盛举。辽代曾流行一首描写猎捕天鹅场面的契丹歌："平少软草天鹅肥，契丹千骑晓打围；皇族低昂围渐急，惊作羊角半空飞。"

　　鹰路从辽都上京临潢府（今内蒙古巴林左旗南波罗城）东行，经龙化州（今辽宁省老哈河、敖来河之间八仙洞一带），沿黄水（今西拉木伦河）过韩州（今辽宁省昌图县八面城）、信州（今吉林省怀德县秦家屯古城）、黄龙府（今吉林省农安县），东北行到宾州（今吉林省农安县靠山乡广元店古城），渡混同江（北流松花江）、涞流水（今拉林河），经今黑龙江省双城市花园屯古城东北行到完颜部（今阿城市阿什河一带），下行至松花江，沿江下行与五国头城越里吉（今依兰县城北郊的松花江右岸）相接，再沿松花江经越里笃（今富锦大屯古城）抵黑龙江，东北行 2 000 余里至奴儿干城（今俄罗斯境内特林）。这条道路横跨松辽、三江平原，穿过张广才岭完达山脉河谷地带。鹰路西部地势平坦，东部群山环簇，溪涧纵横，又有大片沼泽，行路十分艰难。

除鹰路外，辽时还有水上贡道。贡道从黄龙府（现吉林农安县）出发，东北行至松花江，再沿江东行入黑龙江，直抵黑龙江口入海。

第二节　金代女真

辽末期，生活在今阿什河流域的女真完颜部推翻了大辽和北宋，于 1115 年建立了金国，定都上京会宁（今阿城市白城），女真遂成为统一的民族。金国设路、府、州、县四级建制，推行猛安谋克制度。猛安谋克是金国以地缘关系为纽带的军政合一的社会基层组织。猛安为州级地方政权，首领为四品官，相当于府尹；谋克为县级地方政权，首领为五品官，相当于县令。猛安谋克初始于古代出猎制度的生产组织，包含了不同部落的成员，随着军事的需要，又成为军事组织。金征服了辽女真各部族以后，仍保留各部族的称谓和首领的权力，并将猛安谋克之名授予其首领，

宋金时期全图

予以统属。金国规定，300 户为一谋克，7 ~ 10 谋克为一猛安。猛安首领平时为千夫长，行兵则称猛安；谋克首领平时为百夫长，行兵则称谋克。据大定二十四年 (1184 年) 统计，金朝共有猛安 202 个，谋克 1 878 个；每个猛安 2 100 ~ 3 000 户。富锦为讹里骨山猛安所在地。

军政要地　从富锦出土的多枚金代官印来看，富锦在金代一度成为地区性军政重镇，是金朝十分重视的地方。

1991 年 6 月 28 日，富锦市长安镇长安村农民王立新在承包地里（长安村南 1 公里处，俗称小南河）耕地时拾到 1 枚铜印。这枚铜印为 65 毫米方印，印高 55 毫米，重 690 克。印文为汉字阳刻叠篆"讹里骨山猛安之印"。印背两侧分别阴刻汉字隶书，右为"大定十九年（1179 年）四月"，左为"礼部造"。印上方边沿阴刻汉字隶书"讹里骨山猛安之印"，印左边沿阴刻女真文。

由此可见，讹里骨山猛安设立于大定十九年（1179 年），隶属于上京路地区的胡里改路（今依兰县喇嘛庙）。胡里改路东北至鄂霍次克海和鞑靼海峡，西南抵会宁府（今阿城），南至穆棱河，西至小兴安岭下的汤旺河，面积 5.13 万平方公里的广义三江平原仅是其中一部分，可见辖境之辽阔。"讹里都"和"讹里骨"均为辽代越里笃的音转。从讹里骨系越里笃谐音看，讹里骨山猛安当设在大屯古城处。

另外，在富锦市长安镇还出土了金卫绍王至宁元年（1213 年）的"行尚书六部印"和"行六部郎中印"。这两方印的出土说明，金代晚期，金王朝为了应对非常的形势，在富锦地域设置过"行省"级的临时镇守机构，派驻过级别较高的军政官员，以抚镇军民，稽查边防。在上街基镇清化村出土的金宣宗贞祐元年（1213年）颁发的"都弹压印"说明，金朝末年为了维护社会治安，镇压群众和士兵的反抗，在富锦设立过与"讹里骨山猛安"同一级别的军事机构"弹压所"。可见富锦在金代后期社会出现了动荡局面，辽东(今辽阳市)宣抚使（镇抚一方之军政长官，地位相当于执政大臣）蒲鲜万奴叛金自立是这一形势发展的必然结果。

1997年6月，在富锦市锦山镇跃进村，距讹里骨山猛安印出土18公里处，又出土了一枚"喂罕王必罕谋克印"。印面6×6平方厘米，印钮为长方形，印背刻"天泰七年（1221年）五月分"，"少府监造"，侧刻为普通汉字"喂罕王必罕谋克印"，印重0.5公斤。此印是金宣宗贞祐三年（1215年）蒲鲜万奴建立的地方割据政权"东真国"所铸官印。可见富锦为东真国属地。

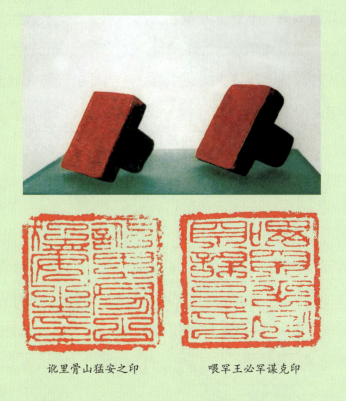

讹里骨山猛安之印　　　　喂罕王必罕谋克印

金宣宗（完颜珣）当朝时期，女真贵族的统治日趋没落，执政集团内部斗争激化，契丹人民和汉族人民的起义此起彼伏。辽东宣抚使蒲鲜万奴见金朝统治摇摇欲坠，便于贞祐三年（1215 年）叛离金朝，投降蒙古，继又叛蒙古而独立，攻破金朝上京府，占据葛懒路、胡里改路和恤品路等地，在女真故土建立了地方割据政权"东真国"（东女真之意。有的史称"东夏国"），自称天王，国号大真，改元天泰，定都开元（今俄罗斯乌苏里斯克，即古称双城子附近的克拉斯诺雅尔山城）。1233 年被蒙古所灭，为期 19 年。其疆域以南京(吉林省延吉市城子山古城)为中心，东至日本海，北到胡里改路（今松花江下游），西北抵上京会宁府（黑龙江阿城县白城），西南达黄龙府（吉林省农安县），南至旧铁岭（今朝鲜咸镜南道）。金朝的黄龙府路、上京路、蒲屿路、胡里改路、婆速路均在其疆域内，不亚于海东胜国渤海国。在金代政治经济中心南移中原，中原和辽东正处于战乱不休之际，东北边陲再度形成一个地区性政治、经济、文化中心，对当地的经济和社会发展起到了一定促进作用。

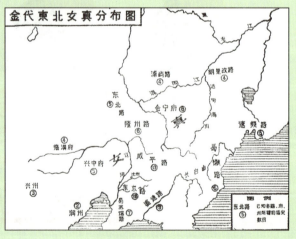

金代东北女真分布图

女真西迁　金国建立后，为了统治新征服的地区，女真人大量移居中原和内蒙古一带。"棋布星列，散居四方。令下之日，比屋连村屯结而起。"（《大金国志》）可见女真人移居中原后实行屯田久居，发展农业生产，遍布淮河以北的大半个中国，融入了中原农耕文化之中。据《金史·食货志》载，全国女真人共有480万人，分属202个猛安，中原地区猛安就有70多个，约200万人。移居内蒙古一带的女真人有18个猛安，约40余万人。占据中原和内蒙古的女真人约有240万人，占女真人总数1/2。一个在建国前没有本民族文字的民族竟战胜了强大的辽国与北宋，并在有着悠久华夏文明的中原上问鼎119年，不但显示了这个马背上民族的睿智和强悍，而且促进了农耕文化同游猎文化的相互借鉴和学习，为华夏文明输入了新的精神力量。

　　女真人西迁后，金上京一带相当空虚。金朝为了"移民实内"，便从中原掳掠了大批汉人作为女真人的奴隶予以充实。计有20余万，中有役卒、医工、工匠等，形成了大规模的民族对流运动。这些人陆续融入女真族中，占据了女真人口的相当大的比例，对改变女真人的民族素质发挥了重要作用，为女真人的后续发展奠定了坚实的基础。另外从大定二十五年（1185年）金国又将居住在今绥芬河流域的速频人和今松花江下游的胡里改人迁徙

金上京会宁府遗址

到上京附近（今阿城一带）。据《金史·兵志》载：从这两处迁走30谋克，9 000多户，10余万人。这种迁徙使地缘关系逐步取代了血缘关系而占据社会主导地位，促进了社会进步；但是这种迁徙，破坏了三江平原屯寨星罗棋布，经济社会比较发达的安定和谐的格局，使富锦一带在金朝后期一度变成了地广人稀、社会动荡之地。

经济社会 金代初、中期，富锦的经济社会比较发达，从出土的大量铜釜、铜镜、铜饰、铜印等铜器，夹沙陶罐、陶网坠、陶猪、盆、钵、瓮、双耳提水罐等陶器以及唐币、宋钱、金国钱币来看，富锦是金时女真族生息、生产的集聚之地。

铜　镜

圆形梅花纹饰

铜配饰—辽金—大

屯古城—⌀4.7

圆形多
孔铜吊配饰—
辽金—大屯古
城—∮4.6

猫头形
铜吊配饰—
辽金—大屯
古城—∮2.8

花朵形铜配
饰—辽金—大屯
古城—∮4.5

铜制配饰

陶制网坠

　　这个时期，富锦的经济社会以农为主，耕作水平有了显著提高。从大屯古城和长安镇漂筏村出土的金代铁制农具看，种类繁多，结构进步。有铁刀、铁镐、铁锄、铁镰、鱼形铡刀和铁犁。铁犁有犁铧、牵引器等多种配件。耕地面积和粮食产量有了显著增加。从《金史·食货志》统计看，当时富锦人口3 000户，每户耕地约1.19顷，计有耕地3 578顷；每顷粮食产量0.98石，总产量约3 506.44石。"此地收多支少，遇灾足以赈济。"可见粮食产量还是不低的，成为金代胡里改路的重要产粮区。

铁刀—辽金—大屯西小岗—9　　　铁镞—辽金—大屯古城—7

铁刀—辽金—大屯古城—13×0.6

鱼形铡刀—长安漂筏獾子洞—61×13

富锦出土的金代铁制农具

由于农业的发展，金朝建立了比较完备的土地制度。土地由辽国时期的部落所有转变为国家所有。凡女真人不分男女老少都有权从国家获得一块土地，以 25 口人为一单位，得田 4 顷 4 亩，平均每口人约得 16 亩。允许奴隶同样获得土地，并限制官民占田不得超过 160 顷。纳税微薄，每年交粮食 1 石。这种土地国有制和私人奴隶占有制相结合的土地经营方式，到世宗时向封建制迅速转化。有些人口多劳力少的家庭，土地耕种不了，对外出租，尤其一些大奴隶主由于占有大量的奴隶分得的土地，而奴隶多从事为奴隶主奢侈生活服务的工作，无暇劳动，在中原汉族封建经济的影响下，便采取租佃的办法经营土地。与此同时，有些人口少劳力多的家庭，土地不够耕种，一些贫民更无田可种，于是出现了阶级两极分化。

由于女真是个马背上的民族，所以金朝非常重视畜牧业的发展，专门设置牧政部门管理畜牧业。当时，富锦的乌尔古力山（时称讹里骨山）同喀尔库马（今桦川县境）之间是一片辽阔的大草原，称喀尔库马大草原。金朝便在这片大草原上设置了专门饲养战马的辽阔牧场，并在大屯古城设讹里骨群牧所，成为金朝著名的12个群牧所之一。

富锦七星河畔广袤的草原

这时的富锦有了初期的工矿业。考古发现，今上街基镇大屯附近的西福山、西小岗有辽金炼铁遗址。在一个既不出煤炭又不出矿石的地方建有炼铁厂，足见富锦不但是金朝的军政重地，而且是经济中心。

富锦辽金炼铁遗址出土的铁矿渣

风俗文化　金代女真人在建国前没有本民族文字，即使在建国之初，号令依然靠口述。《金史》载："（女真）与契丹语言不通，而无文字，赋敛科发，刻箭为号，事急者三刻之。"在建国前后，女真人俘获了一些契丹、汉人以后，一些女真上层人士开始向他们学习契丹字、汉字，并在国内政令、国外交往中使用。但是女真族、汉族、契丹族不是同一语族，女真族用汉字和契丹字表达女真语言很困难。随着社会的发展，内外交往增加，女真族迫切需要有本民族自己的文字。金太祖便命令宰相完颜希尹仿效汉人的楷字，并参照契丹字的制度，创制了女真文字，于天辅三年（1119年）颁行国内，称女真大字。20年后的天眷元年（1138年），金熙宗完颜亶又创制了另一种女真文字，称女真小字。女真字颁行以后，即成为金朝的官方文字。朝廷不但在官方文书中使女真字汉字同用，而且通过开办女真字学校、设置女真进士科、开展翻译汉文经典等一系列推广女真字活动，把女真字广泛应用到牌符、官诰、印信、碑刻等中。女真字在金朝社会政治和文化生活各个领域得到广泛应用，对女真社会进步产生重要影响。女真人进入中原以后，也使用汉语和契丹语。富锦市长安镇出土的"讹里骨山猛安印"，即汉文女真文并用。女真语直到明代，仍在使用。

金代女真人规定的常服是辽服。《金史·舆服志》载："金人之常服曰带、巾、盘领衣、乌皮靴。其束带曰吐鹘。"辽服是契丹入主中原后，融合汉族服装而形成的。金国皇帝为保持本国旧俗，严禁女真人穿汉服。但进入中原的女真人，由于与汉族人杂居，虽然金国皇帝以抵罪相威胁，但是阻挡不了汉化的趋势。富锦为女真故地，远离汉人，故以辽服为主。

婚俗与辽代女真人相比有较大变化。婚姻范围扩大，不局限于部落内部，逐渐与他族通婚。在汉人的影响下，金代后期，收继婚制逐渐被废除，"夫亡寡居者"不再与原夫的弟、侄通婚。群婚制习俗仅存形式。南宋出使金国的使臣洪皓根据自己的亲身经历撰写的《松漠纪闻》载："唯正月十六日则纵偷一日以居戏。妻、女、宝货、车马为人所窃，皆不加刑。"虽然规定正月十六日与别人妻、女发生性关系不受惩罚，但这一天"人皆严备"，表明仅一天的性自由也受到限制。财物的馈赠与索取在贵族订婚礼仪中占有重要地位，男女相爱与否退居次要。平民的婚仪同辽代。

金代女真人葬俗也有变化。受汉族影响，死者已有棺椁。贵族墓制规模宏大，墓室以花岗岩垒砌，且废除了生焚奴婢陪葬习俗。接受阿里罕"禁止以马殉葬"的建议，生焚鞍马习俗也废除。在契丹人影响下，有了火葬，但土葬同时存在。

受中原饮食文化的影响，饮食愈趋丰富，渐由麦面代替了稗饭，而且面食制作日益精细。主食已有馒头、炊饼、蜜糕、白熟胡饼等。副食主要以食家畜、野兽肉为主。蔬菜极少，仅有葱、韭、蒜、长瓜等几种，并学会了制作酸菜，技巧"精细绝佳"。酒文化野蛮粗犷，家私酿酒普遍，并且嗜酒成风，醉则缚之，否则杀人。为此，大定三年（1163年）金世宗下诏严禁私酿，大定十八年（1178年）禁令才放宽。女真人从汉人、契丹人处学会饮茶，并饮茶之风日盛，全国岁费不下百万。金王朝为此下令禁止民间食茶、卖茶及馈献茶。

居室建筑与辽朝相比变化不大，但内部装修比以前讲究。"墙壁全密，堂室如奕幕，寝榻皆土床，铺厚鳣褥及锦绣貂鼠被、大枕头等。"（《三朝北盟会编》）变化较大的是宫殿，蔚然壮观，可与中原相媲美。

金国宫殿

虽然金代女真人主要信奉萨满教，但随着女真族受契丹和汉族影响，佛教、道教逐渐占据重要地位。但富锦一带由于受契丹和汉族影响较差，直到清初仍以信奉萨满教为主。

道路交通 金国从上京会宁府（今阿城白城）到黑龙江下游陆路驿道，是沿松花江和黑龙江下游两岸直到黑龙江入海口一带，沿途设若干驿站，距离50里。其走向及经过站点基本与辽代鹰路一致，只不过起点不同。

驿道是用驿马、驿车、驿船传递公文的道路。驿站又称站赤，是专供传送公文的人或往来官员暂住、换马的场所，负责递送皇帝的谕旨和封疆大吏的奏折，传送中央（朝廷）各部院与督抚提镇、驻防大臣的机要快件公文，迎送朝觐、赴任的重要官员。驿站配备站丁若干，一般由战争中俘虏或发配边疆的罪犯充当，不仅徭役繁重，而且生活非常贫困。每天轮番递送公文，押送罪犯和运送武器弹药、军粮货物；没有薪饷，或发给口粮，或在驿站周围指定范围里开荒种地维持生活，因此站丁又称"开荒占草"者。有些驿站随着子孙繁衍和驿站规模扩大，自成聚落，为以后城镇的兴起奠定了基础。

第三节　元代女真

元代女真同金代女真分布地区基本相同。元亡金以后，进入中原的女真人大多改易汉姓，接受了汉族的衣装、习俗、语言，逐渐融于汉族。移居内蒙古的女真人由于长期同蒙古人接触，已接受了蒙古的影响，随蒙古人征战各地，成为元人东征西战、纵横天下的中坚力量，后来或加入了蒙古族，或加入了汉族。留在东北的女真人是元代女真人的主体，占金代女真人总人口一半左右。

元代女真分布图

行政机构　元朝设在富锦的行政机构为孛苦江军民万户府。孛苦江取意于辽金时期生活在今富锦富民一带的著名生女真部落鼻骨德。

　　元朝系蒙古族入主中原建立的王朝。其祖先为位于东北西部的东胡族。东胡族经过演变，分为乌桓、鲜卑、契丹和室韦四小系。其中拓跋鲜卑于南北朝时期入主中原建立北魏，宇文鲜卑建立北周。契丹的耶律阿保机于907年建立契丹国，后称辽国。室韦的蒙兀室韦，发展为蒙古族，建立了元朝。元朝在东北的建制，大体沿金代之旧，保留了金代在东北诸路的建制，且多有增设。

　　东北地方行政建制第一级最初为成吉思汗幼弟帖木哥斡赤斤的领地和继任者塔察儿国王的属地。至元二年（1265年）元朝设辽东道宣慰司控制。宣抚使相当于都督或大将军之职的武官。至元二十三年（1286年）春元朝撤销辽东道宣慰司，设辽阳行省，七月撤辽阳行省，恢复宣慰司。至元二十四年（1287年）冬再撤宣慰司，设辽阳行中书省。松花江下游最终属辽阳行省管辖。

　　第二级为诸路总管府。松花江下游初属开元路，治所在黄龙府（今吉林省农安县）。皇庆元年（1312年），元朝为加强黑龙江地区的管理，从开元路分设出水达达路。辖境为：南起图们江流域，东邻日本海，北至黑龙江口和库页岛，西与开元境相接。总管府位于今松花江、黑龙江、乌苏里江汇合处。为保障蒙古贵族的统治地位，忽必烈规定各路的达路花赤（蒙语"总管"之意）一律由蒙古人担任，掌握最后的决定权。

第三级为诸路军民万户府。至顺元年（1330年），水达达路沿松花江下游设立了五个军民万户府，"设官牧民，随俗而治"，抚镇北边。万户府下设千户、百户。其中斡朵怜军民万户府位于今依兰境内牡丹江西岸马大屯一带，胡里改军民万户府位于今依兰境内辽代五国头城遗址，桃温军民万户府设在今汤原固木纳古城，脱斡怜军民万户府设在今桦川县万里和通（瓦里霍吞）古城。

桃温军民万户府遗址

孛苦江军民万户府则设在今富锦境内大屯古城。

经济社会　元代东北地区女真人的经济发展不平衡。大体上接近汉族、蒙古族、朝鲜族，处于交通要道的西部、南部地区经济发展快一些，先进一些。富锦的女真人处于远离汉族、蒙古族、朝鲜族的东北部，经济发展相对较慢一些，落后一些。

在金代，富锦是个比较重视农业的地区。由于元初的战争动乱，动荡之中的部分女真人又回到"各仍旧俗，无市井城郭，逐水草为居，以射猎为业"（《元史·地理志》）的生存状态。为了推动落后地区的经济发展，元朝采取了以下举措：一是大力发展农业。在水达达路设置宣抚使，增设屯田军。据《元史》卷十七载："水达达、女直民户，由反地驱除者，押回本地，分置万夫、千夫、百夫内屯田。"二是元朝严女真弓矢之禁，"与其渔于水，曷若力田，其给牛价、农具，使之耕"。通过这一系列举措，督促、资助

第五章 女真

女真人发展农业生产，尽量改变女真人渔猎的生产生活习俗。因此，富锦的农业在元朝有了一定的规模。

但是，元朝的经济是自给自足的自然经济，土地大多是国有土地，女真人需向蒙古统治者缴纳沉重的租税和兵役，对不出征者，则按民籍输赋。再加上蒙古统治者对女真人施加弓矢之禁、捕猎之禁、金银之禁等，经济形式单一，使这种自给自足的自然经济基础更加脆弱，难以抵御各种自然灾害，因此元代的女真人生活比较贫困。尤其富锦地处水达达路，地势低平，江河纵横，径流不畅，易生水患，所以生活更加艰难。据《元史·世祖纪》记载，从至元二十年（1283年）至至元二十九年（1292年）间，以及在元仁宗皇庆元年（1312年）夏、天历二年（1329年）夏和至顺元年（1330年）秋时间里，松花江下游水灾频仍。"黑龙松瓦二江水溢"；"末鲁孙一十五狗驿，狗多饿死"；"民避居亦母儿乞岭"。这对农业生产造成严重摧残，导致这个时期富锦的经济发展迟缓。

这个时期，元廷腐败日渐没落，全国反元斗争不断爆发。至顺六年（1335年），吾者野人和水达达人揭竿起义，反抗暴政，引发东北各地反元烽火遍布四野。大小规模的平民暴动此起彼伏，严重动摇了元朝在东北和边陲的统治。元朝逐渐失去了对东北地区的控制，导致女真社会处于各自为政的状态。

风俗文化　金朝灭亡后，刚刚统一的女真族再次处于重新组合的动荡之中。居住在中原和西北的女真人由于长期受汉人和蒙古人的影响，所以语言和习俗逐渐和汉人、蒙古人一致，最后都加入了汉族和蒙古族。

东北的女真人是女真的主体。女真人是在金朝由各自独立的民族共同体统一后形成的。由于处于相同的地理环境和相同的社会形态，各族群的风俗文化基本一致。但是，这些族群分布地域辽阔，处于不同的社会发展阶段，从南到北，从东到西，各族群之间有的甚至相差一到两个发展阶段，因此表现在共同文化上的共同心理素质存在差异。大体来说，毗邻汉族、蒙古族、高丽族的女真人基本保持金代习俗，所用文字，除女真文外，还用汉字和蒙文。远离汉族、蒙古族、高丽族的女真人则保留较多原始社会的习俗。"婚姻若取其姐，则姐以下皆为妾"（《金辽志》）。葬俗为："男女老死刳其腹，焚之以灰，骨灰以木植之。溺死者，叉其尸，裹以海豹皮埋之，曰变海豹矣。熊虎伤死者，裸蹲其尸作熊虎状，令人射中，带矢埋之，曰变熊虎也"（《扎剌儿公神道碑》）。这部分女真人到明朝演进为野人女真，到清朝时部分南迁后成为满族共同体一部分。留在当地的女真人则发展和形成赫哲、瓦尔喀、鄂伦春、鄂温克、乌德盖、费雅喀（俄罗斯称尼夫赫）等民族。

道路交通　元代朝廷为开疆拓土、发展经济和加强对黑龙江流域的军事控制，在辽金贡道的基础上进一步开辟驿道和驿站（站赤）。《元史·兵志》载："站赤者，驿传之异名也，盖以通达边情，布宣号令，古今所谓置邮而传命，未有重于此者也。"

驿　站

元朝统一中国之后，在黑龙江地区设有东、西、南、北、中五条驿道，通过富锦的驿道属东路。据《元史·地理志》记载，东路驿站"计站一百二十处"。这一百二十处驿站，通向水达达路的驿站有二十八处。其中位于现富锦境内有记载的驿站，有位于今富锦市区西部的弗斡里城和位于今富民的古比扎拉河口古城。由于这条道路沿途多为深山密林，江河湖泊，故夏则舟行，冬则以狗爬犁为主，所以，驿站又称狗站。《辽东志》与《全辽志》记载："狗站，名水狗站，夏月乘船，小可乘载。冬月乘爬犁，载二三人行冰上，以狗驾拽，疾如马。"三江地区冰期超过半年，狗拉爬犁是冰雪上最理想的交通工具。

狗爬犁

　　驿站设施齐全，服务周到。"往来之使，止则有馆舍，顿则有供帐，饥则有饮食。"驿站管理规范，纪律严明。负责人"有驿令，有提领，又置脱脱禾孙于关会之地以司办诘，皆统之于通政院及中书兵部"（《元史·兵志》）。脱脱禾孙为蒙古语，其意为"查验者"，负责盘问过往使臣，维护驿站的正常秩序和监督驿律的执行。驿卒配发"海青牌"，牌子有金、银、铁三种质地，正面镂海东青图案，作为紧急和疾驰的标志。可见驿站已成为元代社会管理的重要部门，在政治军事中占有重要地位。

　　洪武元年（1368年），朱元璋推翻了元朝的统治，一方面设军事机构辽东都指挥使司管辖东北，继续征讨元朝在东北的残余势力；另一方面实行"安抚"政策，招抚处于各自为政的女真诸部。朱元璋鉴于黑龙江、松花江、乌苏里江流域"其地早寒，土旷人稀"，决定"不予建制劳民，但立卫所，以兵戍之"。于是，通过建立羁縻卫所，加强对女真的管理。任命各部酋长为都督、都指挥、指挥、千百户、所镇抚等职，并赐予敕书、印信、冠带、袭衣等信物，使其"俾仍旧俗，各统其属"（《大明一统志》卷八十九），管理本部族的事务。这样，由明中央政府正式任命官职的部族酋长就成为明中央王朝在女真各部实行统治的代理人，并从法律形式上肯定了明廷与女真诸部在政治上的隶属关系，使之成为中华大一统名副其实的组成部分。

明时期全图

卫所为军政合一的地方管理机构。除履行军事职能、管理地方行政事务外，还负有招抚诸部、传达敕谕、

第五章　女真

护送使臣、执行法令、约束部落、荐举卫所官员升赏或设置新卫的职能。明永乐七年（1409年）夏，明朝在富锦大屯古城设弗提卫，下设一个千户所。

卫所属土官体制，由朝廷任命当地部落首领担任各级官员，发给他们委任状和官印。官职世袭，父死子继，父老子替。他们没有俸禄，可在朝贡时领取赏赐。卫设指挥使（又称都督、都督金事）一员（正三品），指挥同知二员（从三品），指挥金事四员（正四品），卫镇抚二员（从四品）；所设正千户一员（正五品），副千户二员（从五品），所镇抚二员（正六品），百户十员（从六品），下辖总旗、小旗。这样，在女真内部，酋长转换为国家官吏，部落组织转换为地方行政机构，行政联系代替了血缘纽带，打破了氏族分立的壁垒，维护了统一的政治局面。

随着女真社会的发展，各卫所有兴有衰，或分或合。为了适应这一变化，弘治六年后，明廷对世袭制进行了改革，强调了对有功者的升赏，承认和支持了新兴势力。

女真分布 明代女真分布范围很广。由于女真的自然发展和明朝的经营管理，到明朝中叶，女真分成建州女真、海西女真和野人女真三大部。富

明末女真分布图

锦隶属海西女真。

建州女真是元朝在松花江下游设置的胡里改、斡朵怜、桃温三个万户府，于元末明初部分南迁建州形成的。胡里改、斡朵怜、桃温三个万户府，系金代女真的后裔，早已打破血缘界限，属于地域性集团，位居内地通往黑龙江上下游的要道，所以经济上历来比较发达。虽然建州女真在元朝的政治压迫、经济掠夺，以及野人女真侵扰下，经济社会一度停滞和倒退，但是，在蒙汉等族的经济和文化的影响下，社会内部仍蕴藏着发展的潜力。所以，在明朝对女真各部进行招抚时，激发起他们对中原文明的向往，促使他们向南迁徙。

在迁徙和集聚中，胡里改、斡朵怜、桃温三个万户府交叉混居，重新组合，吸纳了流入的汉人和朝鲜人，形成了打破血缘关系并超越原部众界限的地域性集团。在迁徙、集聚和重新组合中，建州女真得以发展壮大，分布于东北自图们江流域起，西南至鸭绿江西的辽东山地，界于明辽东都司和朝鲜之间。这块连成一片的山山水水，土地肥沃，物产丰富，为建州女真的劳动、生息、繁衍提供了得天独厚的自然凭借。在中原物质文明的影响下，"乐住种，善缉纺，饮食服用，皆如华人"（《辽东志》），完成了从狩猎、采集经济向农耕经济的过渡。

海西女真分布于上自伊通河口（松花江大拐弯处），下至松花江下游地区，以自然条件划分，依山作窟称山寨夷，沿江而居称江夷；又称熟女真、生女真两大集团。明朝官方撰写的编年体史书《明实录》成化十年（1474年）十一月庚辰条："弗提等卫右都督帖思古等人遣人来奏：近者犯边者皆山场海西野人，无余本寨，恐官军一概征剿，请遣内外大臣至彼别白区处。"由此看来，位于富锦的弗提卫自别于"山场海西野人"，自然属于生女真，即江夷集团了。

山寨夷、江夷皆有核心卫分。江夷的核心卫分是弗提卫、考郎兀卫和忽儿海卫。弗提卫设在富锦的大屯古城，考郎兀卫设在黑龙江与松花江交汇处东的额图古城（今同江境内），忽儿海卫设在依兰旧古城。这三个卫相距较远，但关系密切。忽儿海卫所部是胡里改部南迁建州后由考郎兀卫沿江而上迁入的，地域辽阔，部众较多。永乐七年（1409年）夏，忽儿海卫的指挥同知恼纳、塔失叔侄争印（领导权），太宗皇帝为了解决这一矛盾，便在忽儿海卫北边的弗提斤城设弗提卫，命令恼纳任忽儿海卫的指挥使，塔失任弗提卫的指挥使，"其人民各随所属"。塔失原为瓦剌金河（即兀尔简河，今鹤岗境内）流域的野人头目。塔失任弗提卫指挥使后，兀尔简河流域仍为其所属。恼纳任忽儿海卫的指挥同知后，带去了考郎兀卫原班人马。依据明廷"因其部族"而"官其酋长"的设卫任官的原则，可见这三个卫属于海西女真中的一个较大部族，位居松花江下游广大地区。

到明中期，海西女真渐渐南移，或一部一卫迁徙，或一部一卫部分成员迁徙。黑龙江尼马察部隶属弗提卫，其昂古里·星古力任弗提卫首领时，于宣德年间从弗提卫分出，南迁扎噜，随后投奔居处璋地（今吉林省伊通东南的碱场）的扈伦部落，与其头领纳喇结拜，杀牛祭天，改姓纳喇，星古力正式加入了扈伦部落。七传至旺吉努（王机砮）为首领时，南迁至吉林省辉南县（今吉林辉南县城东北35公里处的辉发山城）。旺吉努死，他的孙子拜音达哩称王，一改先辈以防御为主的守土方针，积极地推行地域拓展战略，形成了势力强大的海西扈伦四部之一的辉发部。洪熙元年（1425年）十二月，《明实录》载：弗提等卫仍在原地，但指挥同知察罕帖木儿等率妻子572人迁往北京居住。这种不同形式的向南迁移，使海西女真在地域上越来越接近辽东，进一步加强了与中原在政治、经济、文化上的联系，氏族血缘关系破坏，地缘关系渐成主导地位，促进了社会的发展进步。

　　野人女真分布于外兴安岭、锡霍特山脉、日本海和鄂霍次克海沿岸以及库页岛等地。包括这些地区的不同语系或不同语支的若干氏族、部落和部族。主要有乞列迷、女真野人、北山野人、苦兀、吉列迷，以及松花江下游、黑龙江以北和穆棱路（居今穆棱河流域）、绥芬路（绥芬河上游）、那木都鲁路（绥芬河下游近海之地）、尼马察路（今俄罗斯乌苏里斯克附近）、瑚叶路（今俄罗斯滨海边区达乌河流域）、乌尔固定路（今俄罗斯滨海边区比金河流域）、雅兰路（今俄罗斯滨海边区塔乌黑河流域）、锡林路（今俄罗斯滨海边区苏祖河流域）的生女真。他们之间缺乏血缘和地缘联系。其地山林中有各种各样的飞禽走兽，野果山珍。江河湖海中有各种各样的鱼类海物，大自然为他们提供了丰富的生活资源，所以野人女真的经济类型基本上从事渔猎和采集。

野人女真分布区域图

明廷通过招抚和设立卫所、关市，以及开设驿路等形式不断加强同野人女真在政治、经济和文化上的联系。在这方面，女真族著名的领袖阿哈出作出了重大贡献。阿哈出原居于松花江下游一带，明初移居奉州（今吉林省吉林市南）。永乐元年（1403年）初置建州卫，授任指挥使，明代赐名为李诚善。阿哈出任建州卫指挥后，积极协助明廷招抚生女真诸部，促进了野人女真各部的发展，野人女真的父系氏族制开始解体，出现一夫一妻制的个体家庭和贫富分化，进入原始社会末期。

奴儿干都司　到永乐时，明朝开始全面、深入地经营女真地区。这一地区地域辽阔，民族复杂，不仅需要有效的统治机构进行管理，更需要对众多部落进行安抚与教化，从而增强广大少数民族对明王朝中央政府的认识与信赖，共同维护国家统一。睿智的朱棣遣人敕谕女真各部酋长："尔等若能敬训天意，诚心来朝，各立卫分，给印信，分赏赐，俾尔世居本土，自相统属，打围牧放，各安生理，经商买卖，以便往来"（《李朝实录》）。明朝的开明政策，使女真各部酋长纷纷来归，卫所达到115个。这些卫所分布地域广阔，南达图们江流域，北抵外兴安岭，西起赤塔河流域，东至日本海岸。为了加强对这个复杂的多民族聚居地区卫所的管理，永乐七年（1409年），明朝根据奴儿干头目忽刺冬奴以及这一地区65位头领来朝的请求，决定在奴儿干（女真语图画之意，表示这里山川如画，风景秀丽）设都指挥使司（相当于省级），作为统辖诸卫所的最高行政机构。任命东宁卫指挥康旺为都指挥同知，千户王肇舟为都指挥佥事，佟达拉哈等为指挥佥事，刘兴为经历司经历官，下辖182个卫。

奴儿干都司区域图

奴儿干都指挥使司治所设在特林（今俄罗斯黑龙江下游庙街一带）。特林江河如带，山川锦绣，历来是中国中原王朝在黑龙江下游的政治中心。唐渤海国、辽金时就在这里建城设镇。元朝曾在这里设东征元帅府。当地居民除土著外，还有汉人、蒙古人及其他民族的人，直到明初仍是个民族杂居的地方。

奴儿干都指挥使司是军政合一的地方机构，直接隶属明朝的兵部。明朝派遣军队驻守，少则500人，多则3 000人，每两年轮换一次。都司官员由明朝廷从内地派人担任，称流官。辖境内设立"海西西陆路"和"海西东水陆城站"两条大的交通干线。

由于奴儿干都指挥使司设在边远地区，所辖卫所范围广阔，交通不便，履行职能力不从心，且面临财政支出难堪重负的重重困难。宣德十年（1435年），明宣宗以"所费良重"和"烦扰军民"为由，下令停止奴儿干都指挥使司活动，但继续实行土官制的女真卫所管理体制，卫所不但继续发展，而且职能也有所加强。到万历时，女真卫分增置到384个。明朝为了加强对女真各部的管理，除中央直接掌管外，往往通过核心卫进行管理。设在富锦的弗提卫所即为核心卫所之一。

弗提卫所 弗提卫所设在富锦大屯古城。大屯古城时称弗提斤城。在《松花江干地名考》中载有："弗提"是"勿吉"的转音。说明居住这里的先民，是勿吉的后裔，弗提斤城曾是勿吉的部落所在地。

弗提卫所不但是海西女真江夷集团（即生女真）的核心卫所，而且是明朝官员前往奴儿干地区必经之地，是海西东水陆城站的第20站，一直忠实地履行明王朝赋予卫所的各项职责。从永乐九年（1411年）至宣德八年（1433年）的22年间，钦差内官太监亦失哈10次巡视奴儿干地区，就有7次率军路过弗提斤城。每次带巨船达25艘至50艘之多，均有弗提卫官员陪同。奴儿干都指挥使司的重大政治活动，均委派弗提卫官员参加。明廷为加强弗提卫的建设，先后派过50余名官员任弗提卫都督、佥事、同知等职，弗提卫官员也多次奉调京城和其他地方任要职。可见弗提卫在黑龙江下游民族中的威望，以及朝廷对弗提卫官员的信任。

钦差内官亦失哈，是出生于黑龙江的明代著名官员，其政绩可与同殿为臣、七下西洋的郑和相媲美。《明实录》英宗正统十四年十二月壬子记载：亦失哈，汉名易信（亦信），海西女真人，初任职为宫廷内官，但入宫不久就被有识人之明的永乐皇帝看重，擢升为都知监太监。他不仅精通女真文，也通晓汉、蒙、藏族的语言与文字，熟悉东北女真等民族的风土人情，深受朝野尊重，并多次被委以重任巡抚黑龙江，扩大了明朝在女真地区的影响，加强了中原同边疆地区的政治、经济、军事和文化的紧密联系，为维护国家的统一，促进中华各民族的团结与交融，为东北亚东部地区的开发，作出了重大的贡献。宣德十年（1435 年），他被朝廷委任为镇守太监，调任辽东太监府镇守，成为东北地区军政最高监察官。

钦差内官亦失哈

永乐九年（1411 年），亦失哈率官兵千余人乘 25 艘大船，装载大量布帛丝绸、粮食器具等生产生活资料第一次赴奴儿干地区招谕。路过弗提卫时，奉朝廷之命，弗提卫官员登船陪同护送，协助亦失哈为"海外苦夷诸民赐男妇以衣服器用给以谷米宴以酒食"（《敕修奴儿干永宁寺碑记》），并参与亦失哈的招谕和开设奴儿干都司衙门的活动。

永乐十一年（1413 年），亦失哈二下奴儿干。弗提卫指挥佥事秃称哈，以及其母小彦和其子弗提卫千户纳兰等，参加了亦失哈为"柔化斯民","永无疠疫而安宁"。在奴儿干城西满泾站左山崖观音堂旧址修建永宁寺和敕修永宁寺碑活动，并陪同亦失哈从奴儿干扬帆向东，直抵黑龙江口，过鞑靼海峡，登上库页岛巡察大明王朝最东端的领土，履行中原王朝宣示库页岛主权和对少数民族关怀的神圣职责。永宁寺碑高 1.79 米，宽 0.83 米，正面刻汉文，背面额刻蒙古文，下刻蒙古文和女真文，内容均为正面汉文缩写。两侧上下还分书汉、藏、蒙古、女真文六字真言，真实地记述了建寺盛举和明朝官员与当地各族人民开发东北边疆的业绩，不仅是明王朝江山一统的标志，更是黑龙江下游广大地区自古就是中国领土的见证。

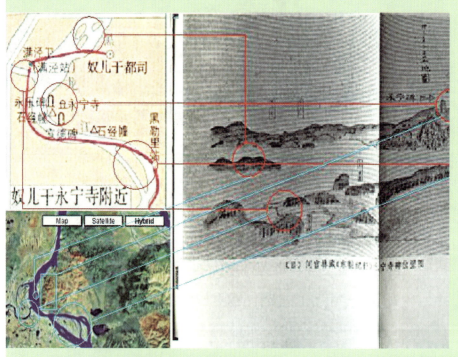

永宁寺地理位置示意图

永乐十八年（1420 年），亦失哈第四次视察奴儿干地区。弗提卫再次奉命派官员陪同巡视，并派官兵护送，直到翌年返回。

洪熙元年（1425年），弗提卫指挥同知察罕帖木儿带领官兵保护亦失哈等1 500人乘50艘巨船，浩浩荡荡，扬帆踏浪，第五次视察奴儿干边远偏僻地区，当年返回。由于路途遥远，环境艰难，朝廷对察罕帖木儿的尽职尽责十分满意，特敕谕辽东都司予以赏赐。

宣德元年（1426年），弗提卫委派官员陪同亦失哈代表新皇帝明宣宗第六次巡视奴儿干东北部地区，进行宣慰，以示皇帝的仁爱。这一次运往"奴儿干官兵三千人。人给行粮七石，总为二万一千石"（《明宣宗实录》）。亦失哈一行翌年返回。新皇帝对亦失哈等此次远赴边疆宣谕很满意，所以在宣德二年（1427年）二月，"赐往奴儿干及招谕回还官军钞千户一百锭，百户钞八十锭，旗军四十锭，命辽东都司给之"（《朝鲜王朝实录·明宗实录》）。

明朝官兵

宣德七年（1432年）夏，弗提卫指挥佥事佛家奴等17人陪同"太监亦失哈同都指挥康政率官军二千巨船五十"（《重修永宁寺记》）巡视奴儿干地区，见"永宁寺被毁"，"基址存焉"。亦失哈以一个成熟政治家的宽大胸怀，没有惩罚"吉列迷毁寺者"，而是对当地民众"好生柔远"，进行安抚，"特加宽恕，斯民谒者，仍宴以酒，

第五章　女　真

93

给以布物，愈□抚恤"。于是人民老少，踊跃欢欣，咸啧啧之曰：
"天朝有仁德之君，乃有贤良之佐，我属无患矣。"（《重修永宁寺记》）亦失哈此举提高了明王朝的威望，促进了奴儿干地区的安定，巩固了明王朝对边疆的统治。亦失哈在安抚当地民众后，决定重建永宁寺，委派佛家奴参加重建活动。重建后的永宁寺华丽典雅，古朴庄重，并在永宁寺旁立了一块更大的石碑，高 2.07 米，宽 1.22 米，上用汉、女真、蒙、藏四种文字镌刻重建永宁寺碑记。碑记不仅表明奴儿干自古就是中国的领土，更表明包括奴儿干在内的东北各族人民忠于中原王朝，团结一致，共同维护国家统一的意愿。

宣德八年（1433 年）秋，佛家奴在永宁寺竣工后返回弗提卫。由于佛家奴修寺有功，朝廷升任佛家奴为弗提卫指挥同知。弗提卫先后参与建立的"敕建永宁寺记"和"宣德八年重建永宁寺记"两块石碑，于清光绪三十年（1904 年）被帝俄政府劫去，现藏于俄罗斯符拉迪沃斯托克（海参崴）阿尔谢涅夫博物馆，永宁寺原址被改建成东正教堂。

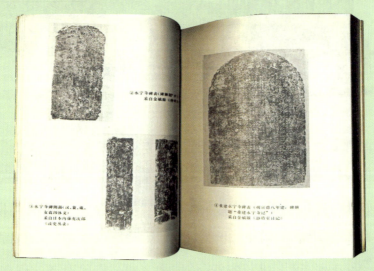

永宁寺碑图

弗提卫除大力协助亦失哈扩大明朝在边远地区的影响外，还积极参与设置和管理卫所的活动。永乐十一年（1413年），在弗提卫的协助下，奴儿干都指挥使司于图斯科设置了玄城卫，成为弗提卫的卫星卫。永乐十四年（1416年）秋，弗提卫奏请朝廷批准在今萝北县集达河流域设置了吉滩河（今鸭蛋河）卫，隶属弗提卫；并推荐雅苏（又称牙速）为指挥同知，亦里当哈等为千户、百户。宣德元年（1426年），察罕帖木儿等人率妻子等572人入朝，奏请居京自效，竟也得到恩准，明廷赐予房屋、器物等。尤其宣德十年（1435年）明王朝停止奴儿干都指挥使司活动，为加强松花江、黑龙江、乌苏里江流域的管理，将卫所改为由核心卫管理后，弗提卫遂成为明英宗经营奴儿干地区重点依靠的卫所。

正统八年（1443年），弗提卫指挥同知察安奴因为相邻的兀者卫指挥同知刺塔与其弟不和，建议明廷由兀者卫分设出一个成讨温卫，设在今汤原固木讷古城。固木讷古城辽代为五国部盆奴里国，金代为屯河猛安，元代为桃温万户府。察安奴推荐刺塔的弟弟娄得任成讨温卫指挥佥事。这些建议皆得到明廷批准。

天顺元年（1457年），明英宗为使弗提卫成为御前依靠力量，代替奴儿干都司经略奴儿干地区，晋升察安奴为弗提卫都督。弗提卫遂成为明王朝经营奴儿干都指挥使司的政治活动中心。

天顺四年（1460年），成讨温卫指挥佥事娄得在察安奴的保奏下，晋升为都指挥同知，成为察安奴的巩固盟友。在娄得的协助下，察安奴将弗提卫的势力范围扩展到松花江下游北岸的汤旺河流域（今汤原境内）、兀尔简河流域（今鹤岗境内）、吉滩河流域（今萝北境内）和南岸的挠力河流域、七星河流域（今宝清

第
五
章

女

真

和饶河境内），进一步巩固了弗提卫在海西女真江夷集团中的核心地位，成为不结盟的盟主，为履行朝廷使命奠定了组织基础。

挠力河流域

天顺六年（1462年），明英宗特使都指挥佥事马鉴等受皇帝委派，赍敕并货物到松花江、黑龙江流域巡视并贸易。弗提卫都督察安奴奉命将奴儿干（今俄罗斯蒂尔）、吉列迷（今俄罗斯共青城）、黑龙江各处部落首领召集到弗提斤城同马鉴会面。根据《明实录》天顺六年（1462年）三月己卯条记，察安奴还向他们传达了明英宗"照旧买卖。有以海东青等物进贡者，听马鉴等就彼给赏；其买卖者，任从两平交易，不许争竞纷扰"的圣谕。在马鉴巡视并贸易期间，察安奴竭尽全力，全程陪同护送。

天顺七年（1463年），明英宗为了加强对奴儿干地区的管辖，再次诏令弗提卫协助特使通事都指挥马忠抚谕海西地区的各卫所。察安奴委派指挥使卜当哈随从护送。由于马忠此次巡视任务艰巨，公务繁忙，路途艰险，卜当哈在护送马忠还京后，因为劳累过度，死于归途。明廷特下诏抚谕。

成化七年（1471年）正月，考郎兀卫都督哥哈死，弗提卫都督帖思古派遣使者向明廷报告，请求按照惯例追悼祭祀。成化皇帝立即应允，命礼部以彩缎代祭品，并给祭文、香、帛等。

成化十年（1474年），成讨温卫都督娄得因在会馆与考郎兀卫都督早哈"会饮"中争座，被早哈手刃致亡，使弗提卫失去了得力助手。不久察安奴也病逝，内部发生分化、迁徙，弗提卫日渐衰落。

万历四年（1576年）后，明王朝国力衰微，对女真地区逐渐失去控制能力，各卫所与明廷失去联系，先后倒退为部落自为状态。虽然明朝还向弗提卫都督歹赤哈颁发敕书和袭衣，"令袭职修贡如常"，但弗提卫在不断分化、迁徙中，丧失了原有功能，中断了同明朝的联系，不再见于史载。

六城之地　大屯古城历经几朝的经营，使这个最初的部落所在地，到明初发展成为三江平原较大的城池，被永乐皇帝称之为"六城之地"。六城指的是托温城、弗思木城、弗踢奚（即弗提斤）城、考郎古城、乞列迷城、莽吉塔城。《明实录》永乐十二年（1414年）九月戊子条记："上闻弗提斤六城之地肥饶，命指挥塔失往治弗提卫城池，命军民咸居城中，畋猎藁牧，从其便，各处商贾欲来居者亦听。"可见大屯古城在设卫之前就已是松花江下游女真的政治、经济、文化重地。

弗提斤城始建于唐渤海国时期，辽、金、元、明皆在此设衙建政，永乐十二年（1414年）经过重建已颇具规模。由于明朝繁荣的商业促进了城市建设，所以弗提斤城的繁华在松花江流域可谓闻名遐迩。该城居高临下，气势雄伟，巍然壮观。登城远眺，江天一色，气象万千，是扼控松花江水路咽喉的锁钥要冲。此城被《吉林通志》列为松花江下游九大古城之一，辽称越里笃，金称讹里骨，明称弗提斤，清称福题新（弗提斤音转）。

从城内采集到的文物较多。有粗糙石器，打磨石器，有大量陶器碎片和陶制鱼网坠，有汉、唐、宋、金钱币，有青砖、布纹瓦，有鱼骨兽骨装饰品，有铜镜、铜饰、铜釜等生活用品，有铁制武器、生产工具等。总体来看，这些文物跨越时间久远，种类繁多，尤其辽金以后文物较丰富。可以认定，大屯古城不但是松花江流域规模较大的城池，而且历史悠久，自唐代以来，皆为富锦建制之地。1981年，被富锦县人民政府确定为县级重点文物保护单位。

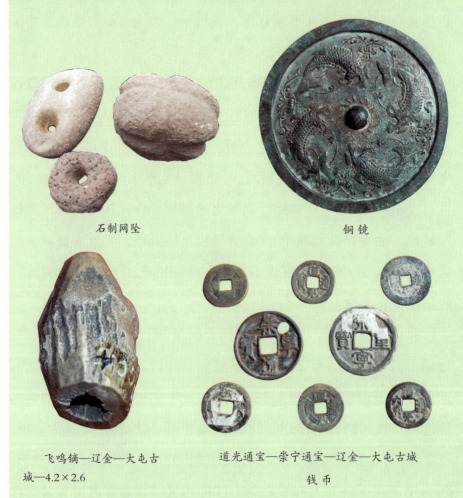

石制网坠 　　　　　　　　　　铜镜

飞鸣镝—辽金—大屯古　　道光通宝—崇宁通宝—辽金—大屯古城
城—4.2×2.6　　　　　　　　　　钱币

铁制鱼叉

经济社会 明代，富锦的商业经济呈现出活跃的局面，促使大屯古城成为松花江下游的"商贾辐辏"之地，促进途经富锦的道路交通进入了繁荣发展时期。

明代商业在女真社会中处于特别重要地位，朝贡和马市成为女真各部商业贸易的一种形式。明王朝诏令臣服的民族向朝廷献海东青、大鹰、皂雕和黑狐、貂鼠皮等贡物，同时给予锦缎、蟒袍、玉带、朝靴等优厚的赏赐。这种优惠政策极具吸引力，促使朝贡者"络绎不绝,动以千计"（《明宪宗实录》卷七）,"行李多至千柜,少亦数百"（《明神宗实录》卷四九五）。《李朝实录》对此情景也多有记述。而设在辽东的马市（女真同山东、河北、辽东等汉区进行市场交易的场所）逐日扩大。由一处发展为多处，由官方贸易转变为民间贸易。交换品种、入市人数日益增多，交易次数越来越频繁。市场交易日趋繁荣，形成了类似今日的经济特区。女真人用人参、马匹、土豹、阿胶、木耳、蜂蜜、松子以及各种毛皮等本地渔猎采集品和畜牧产品，换取内地的耕牛、驴骡、绸缎、成衣、棉布、食盐、铁锅和铧子等大宗生产生活用品。这些以货易货商品进到富锦后，需要向各个部落再分配，就促使富锦的商业活动随之兴旺起来。

道路交通　陆路多为辽、金、元故道。为了沟通东北地区同内地的联系，提高女真社会的生产力，明朝在元朝驿道的基础上恢复和建设东北水陆交通驿站。永乐七年，开设奴儿干都司时就"设狗站遞送"。到永乐十年，基本形成了自海西东水陆城站的起点站底失卜（今双城市西花园屯大半拉子古城）起，沿松花江、黑龙江而下，中间经过双城、阿城、宾县、木兰、通河、依兰、汤原、佳木斯、桦川、绥滨、富锦、同江、抚远以及俄罗斯的伯力、共青城、特林河口、赫勒里河口等至库页岛及日本北海道的多达45站的交通网。今日本北海道民间和许多博物馆中收藏的中国蟒袍、锦缎、面料，以及品类众多的"虾夷锦"等丝织品就是通过这条道路传到日本的，所以这条道路又被称作中国历史上第三条"丝绸之路"。

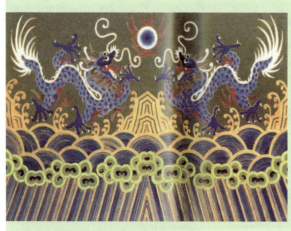
蟒袍图案

当时，设在富锦的驿站称弗能都鲁兀（蒙语）站，其交通工具为"夏舟冬马"，是45站中的第20站，位于大屯古城。由底失卜站起至特林附近的满泾站止，经过45站、10城，连绵起伏，宛若游龙。这是居住在松花江中下游和黑龙江下游的海西女真、野人女真和库页岛上的苦夷族等向大明朝廷朝贡的陆路交通路线，也是大明王朝同边疆少数民族联系的桥梁和纽带。

这条路线，尤以水路较为便利。从今吉林市北流松花江乘舟顺水而下，转东流松花江直奔黑龙江下游，抵奴儿干都司所在地。《辽东志》载："国朝（明朝）征奴儿干于此（今吉林市）造船，乘流至海西，装载赏赍，浮江而下，直抵其地。"由于内河舟楫便利，乘舟安全舒适，运载能力大，胜于骑马、乘车。明朝官员往返于奴儿干多走水路，全程5 000余里。

在道路管理方面，元、明两代体制大体相同。驿站所在地的府、州、县设驿丞。驿站的驿夫（驿卒）和牛、马、驴等根据交通量的繁简，由驿站提报驿丞批准使用。朝廷规定驿房的建造、米粮的支拨由官府承担。但驿道人夫、车、船、马、牛、驴等繁重的负担，则全向民间摊派。明朝曾根据交纳田粮数额佥派：一等民户纳粮百石者，须出上等马一匹和民夫一名到驿站执役，一户粮数不及百石者，允许众多民户联合出驿马、民夫供驿站服务。

明代，朝廷规定驿站由当地卫所头目直接管理。设在富锦的弗能都鲁兀站，由位于今富锦大屯古城的弗提卫管辖。弗能都鲁兀站设20个站户，由弗提卫都督指派民户承担。驿站所需的交通工具和费用，除朝廷规定在赋税内扣出一部分作补贴外，大部分费用由卫所民户平均摊派。据史料记载，弗能都鲁兀站不属于狗站，因而交道工具只是马、牛、船等，配置数额无从查考。

风俗文化　明代的建州女真和海西女真的主体部分，继承了一些金代女真的文化传统，而野人女真诸部则保持着他们固有的文化习俗。

明初，女真地区女真文、蒙文同用。明中叶后，拼音的蒙文逐渐取代了表意的女真文，为后来努尔哈赤创制满文准备了条件。

女真人普遍信奉万物有灵的萨满教。在明廷"造寺塑佛"、"柔化斯民"思想的推动下，佛教也在传播，黑龙江下游特林的永宁寺就是这时建立的。黑龙江中下游的野人女真以熊为图腾（氏族的标志），把熊人化和神化，赋予熊以人的性格和特征，以至把熊作为祖先来崇拜。

婚姻关系已深刻打上了阶级社会烙印。一是有了恩格斯称之为"奴隶制度的产物"的一夫多妻制；二是讲究门第和彩礼，财富成为婚姻的先决条件。另外群婚制、收继婚制和对偶婚习俗在有的部落仍然存在，可见传统文化的稳定性。

由于女真地区广大，涵盖了处于不同发展阶段的部落，所以葬俗各部不一，有树（天）葬、火葬和土葬。

血族复仇是明代女真，特别是野人女真的传统习俗，被女真人视为神圣义务。"其俗勇于战斗，喜于报复，一与作隙，累世不忘"（《李朝实录》）。但在有的部落此观念日趋淡薄，血族复仇有时成为领土扩张、掠夺财物和人口的借口。努尔哈赤统一女真的战争是最好的例证。明辽东总兵李成梁在建州女真苏克苏浒河部图伦城的城主尼堪外兰的协助下，攻打建州女真的著名首领王杲所在的古勒寨（今新宾上夹河镇古楼村）时，去城中救人和寻人的努尔哈赤的祖父觉昌安和父亲塔克世在混战兵火中被冤杀。由于当时努尔哈赤力量弱小，不敢公开同明朝对抗，便以讨伐尼堪外兰为借口发动复仇战争，明里是报杀父祖之仇，暗地是借机吞并建州诸部，矛头实际上指向明朝。这一点李成梁和明王朝都没能看透，为大明王朝的覆灭埋下了伏笔。记载清王朝历史功绩的文献《清实录》对此并不隐讳，对努尔哈赤的复仇战争谓之"乘此勘定一方"。

第六章

DI LIU ZHANG

赫 哲

（公元1593年～现在）

　　赫哲族是以古老的赫哲氏族为核心，吸收了鄂伦春族、鄂温克族和满族等民族成分，于清初在松花江、黑龙江下游以及乌苏里江流域，形成了具有共同语言、共同经济生活以及表现在共同文化上的共同心理素质的稳定族体。其中富锦是赫哲族形成和生活的重要地域，居住时间长达300多年，被称为赫哲故里，黑金本部。

第一节　清朝建立

　　建州崛起　明初，胡里改、斡朵怜、桃温三个军民万户府部分海西女真人，为了追求先进的生活方式和躲避野人女真兀狄哈的侵扰，由松花江流域南迁到绥芬河流域的古建州城（即古称双城子附近的克拉斯诺雅尔山城）。在明朝和李氏朝鲜的引导、帮助和影响下，完成了从狩猎、采集经济向农耕经济的过渡，积累了雄厚的实力。其后人努尔哈赤以报父祖被明朝杀害之仇为名，不顾族人反对，以遗甲十三副，部众百人起兵，军威大振，远迩慑服，诸胡相继投降。

努尔哈赤

努尔哈赤"仪度威重，志向远大，有深谋蕴而不露，发声象洪钟，凡所睹记，一经耳目，终身不忘，招致收揽人才肚量阔达"（《清史稿》）。努尔哈赤青少年时代基本上是在辽东地区度过的，接受的是汉族先进文化的熏陶。他喜读《水浒传》《三国演义》，从中吸取朴素的军事思想，并在战争中运用和发挥，于万历十一年（1583年），从一个"无名常胡之子"（按：常胡，满语头目的意思），被明朝授都督指挥使职。顺利兼并了建州诸部，为努尔哈赤进而统一海西扈伦四部（乌拉部、哈达部、叶赫部、辉发部）、东海三部

（窝集部、瓦尔喀部、呼尔哈部），形成满族，建立清朝奠定了基础，同时为古老的赫哲氏族形成固定的族体提供了机遇。

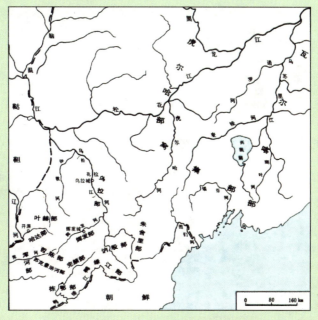

16世纪末至17世纪初女真诸部分布图

后金建国　明中叶以后，各种社会矛盾日益尖锐，一度强盛的明王朝开始走下坡路。朝纲废弛，国力衰微，内政自顾不暇，对女真地区逐渐失去了控制、统辖能力，各卫所相继与明廷失去联系，倒退为部落自为状态。失去控制、统辖的女真各部"皆称王争长，互相残杀，甚至骨肉相残，强凌弱，众暴寡"（《清太祖武皇帝实录》卷一）。女真社会出现了一个混乱、动荡的局面。但自元以来，国家的统一和民族的统一，已成为中国历史发展的总趋势，形成了人心所向、众望所归的历史潮流。建州女真后起之秀努尔哈赤的崛起，顺应了这一趋势，一跃登上了中国的历史舞台。

在统一女真过程中，努尔哈赤将女真人原有的狩猎生产组织"牛录"（大箭的意思。女真人打猎时，族党屯寨每人出一支箭，十人为一牛录，首领叫"牛录额真"）加以增定完善，创建了军政合一的社会组织"八旗"，以旗为号，作为满族军队组织和户口编制单位。八旗官员平时管民政，战时任将领，旗民子孙永远当兵。1593 年努尔哈赤将建州女真改称满族。万历四十四年（1616 年），努尔哈赤称汗（即皇帝），以赫图阿拉（辽宁省新宾县）为兴京，立国号大金，史称后金，崇祯九年（1636 年）改为清，成为黑水靺鞨继金国之后建立的又一个登上中国历史舞台的政权。

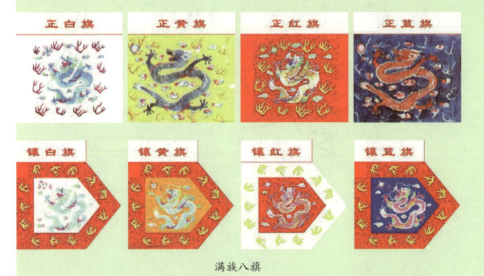

满族八旗

清军入关后，清政府设立了盛京（沈阳）、宁古塔（宁安）、黑龙江（瑷珲）将军管理关外地区。雍正九年（1731 年），吉林将军（宁古塔将军改设）在三姓（今依兰）设副都统管辖黑龙江、松花江、乌苏里江流域。富锦为三姓副都统辖区。

第二节 赫哲故里

黑金本部 万历四年（1576 年），弗提卫同明廷失去联系，倒退为部落自为状态，在牛满江（今俄罗斯布列亚河）至三江口（松花江下游）之间形成了生女真萨哈连（酋长名）诸部落。其先人在元、明时期以渔猎为业，以狗为交通工具的兀者野人。兀者，又写作兀惹、乌惹，金代称乌底改。兀者一词，最早见于《元史·英宗纪》中的记载，至治三年（1323年）正月乙卯，"征东末吉地兀者户，以貂鼠、水獭、海狗皮来献，诏存恤三岁"。兀者野人部明初称忽刺温，后期称呼尔哈，又称使犬部，是古老的赫哲氏族中的一支。

在努尔哈赤统一海西女真、野人女真的战争中，"顺者以德服，逆者以兵临"（《清太祖武皇帝实录》卷一）。由于富锦一带"暨明季诸部落建筑城堡星罗棋布"（《吉林通志》），是海西女真同野人女真交叉混居的地方，人口较多，实力雄厚，且强悍不羁，于是，成为努尔哈赤和皇太极频繁"兵临"之地。天命元年（1616年），努尔哈赤派遣大将安弗扬古和养子扈尔汉率兵征讨萨哈连诸部。在大兵压境几经征战之下，原弗提卫辖境内松花江两岸的36屯寨，以及挠力河流域的诺罗部、七星河流域的石拉部的海西女真人被迫降服。

天命六年（1621年），原居住在乌苏里江口德新一带野人女真中的古老赫哲氏族葛依克勒索斯库，在继承其祖父尼雅胡图担任呼尔哈部（牡丹江至松花江下游的各部落均称谓为呼尔哈部，呼尔哈又写作虎尔哈）总部长后，被清朝招抚，率部族到牡丹江口（现依兰处，牡丹江唐称忽汗水，明称胡里改，清称呼尔哈）落户。清朝便将牡丹江口至乌扎拉（位于伯力东300里）划为葛依克勒领地。但是呼尔哈部中的野人女真对努尔哈赤时服时叛，所以呼尔哈部一直不够稳定，严重地干扰了努尔哈赤统一女真，

第六章 赫哲

进而进军关内的战略部署。

努尔哈赤为了征服呼尔哈部，于天聪三年（1629年）派皇子皇太极带兵再次征讨自牡丹江至松花江下游沿江各部落。在强大的军事压力下，呼尔哈沿江各部被迫归顺了皇太极。皇太极为了瓦解呼尔哈庞大的部落群，采取分而治之方略，将呼尔哈部落按氏族分为喀尔库马、遮克特库、塔图库、福题新、鄂尔珲、斡奇齐、和悦陆、古必扎拉、萨里屯、尼叶尔伯等10个屯寨驻牧，任命氏族长为寨长。其中设在今富锦境内松花江畔的屯寨有福题新（今大屯）、和悦陆和古必扎拉（今富民村）等，成为现富锦境内历史最悠久的村屯。

今日和悦陆村（田增岐 摄）

由于努尔哈赤的六世祖猛哥帖木儿在元末曾为松花江流域斡朵怜城万户府的万户，称自己的部族为满洲，故满人建国后把松花江流域视为满族发祥地。皇太极为了进一步征服满族发祥地各部落的人心，维护满族在女真中的正统地位，于天聪八年（1634年）宣谕各屯寨："尔之先世，皆我一国之人，载籍俱在。"企图以大女真观来笼络女真各部，形成以满族为中心的女真群体。但是，呼尔哈的大部分部落系野人女真，以渔猎为生，经济收入不稳定，所以素喜侵扰，把战争作为谋生手段。早在明朝时期就不断侵犯努尔哈赤六世祖猛哥帖木儿管辖之地，所以对皇太极的宣谕并不在意，仍归而不顺，常常挑战建州女真的管理，成为皇太极的心腹之患。

　　为了彻底征服呼尔哈沿江各部，建立巩固的后方，以便大举向关内进军，崇德七年(1642年)，皇太极命令宁古塔昂邦章京(将军)沙尔虎达率兵征讨。明万历二十七年（1599年）沙尔虎达出生在呼尔哈的苏完部，骁勇善战。后金天命十年（1626年）随父投归努尔哈赤，成为努尔哈赤南征北战的忠实将领。这次征讨极为残酷，史料有记载的用兵达17次之多。在这一次次的残酷劫掠和杀戮中，富锦境内松花江畔的福题新、古必扎拉、和悦陆等屯寨成为无人之地。自唐渤海国开始设衙建制的大屯古城也被"荡为邱墟"，使这座被《吉林通志》称为松花江下游九大古城之一的大屯古城从人们的视野中遗憾消失。而富锦南部的七星河、挠力河一带的300多户女真人，也在满人被调入关，宁古塔一带形成空虚后，被皇太极全部强迁到宁古塔，编入满洲八旗中，致使七星河、挠力河两地屯寨成为空境，一度屯寨星罗棋布、人烟稠密的富锦竟成为空荒之地。富锦大地土地荒芜，草木丛生，人迹罕至，变成了野兽繁盛、渺无人烟的"北大荒"。

今日七星河流域（田增岐 摄）

　　呼尔哈部被彻底征服后，清政府以夷制夷，实行笼络强部大族方略，仍然将富锦认定为葛依克勒氏族的领地。葛依克勒部族见空荒的富锦是个优越的渔猎之地，便开始向富锦迁徙，与此同时，生活在兴安岭（"兴安"系满语极寒处之意）齐木音河流域的游牧民族鄂伦春族、鄂温克族人也向富锦一带流入，这些不同民族成分的人，同战乱后遗留在富锦当地少量的海西女真人，以赫哲氏族为核心融合到一起，逐渐形成了福题新、嘎尔当、古必扎拉、图斯科（亦写作图斯克）等几个较大的赫哲屯寨。于是，空荒的富锦遂成了游牧民族的渔猎之区。

　　福题新（有的写作富替新、福题希）屯亦称大城子屯，位于大屯古城东2里。据《满蒙都邑全书》记载，福题新系明代弗提斤的同音异写，1912年方改称大屯。在沙尔虎达崇德七年（1642年）奉皇太极之命率兵再次征讨松花江边的呼尔哈人时，在此展开了一场严酷的战争，从这里掳走了大半的人丁和马匹，此屯只剩下少数的几户人家，融合到陆续徙居此地的毕、吴、何、葛、胡等五姓赫哲中。其中毕拉达卡氏族，据苏联学者西连科所考，是在17世纪初中叶之交由兴安岭毕拉尔河流域徙居于此。今别拉音子山的"别拉音子"即"毕拉尔"谐音。顺治十年（1653年），沙尔虎达同赫哲氏族葛依克勒头人库力甘夫来此巡视，见此地人烟已密，屯寨已成规模，便将福题新屯编入"打牲人"（新满洲）名册。新满洲是相对旧满洲而言。清朝入关前，清太宗皇太极改族称女真为"满洲"后，将新征服并编入旗籍的女真余部及其他部族称为"新满洲"或"伊彻满洲"，而改族称之前征服和编入族籍者称为"佛满洲"或"旧满洲"。入关后，一般把努尔哈赤、皇太极时期征服的，并编入八旗的女真诸部和其他部族称为"佛满洲"。

嘎尔当屯在清朝称嘎尔当新或嘎尔当嘎深，赫哲语意为关卡要塞，距福题新8里。顺治初年，一支鄂伦春部落从齐木音河流域转徙到松花江边的万里河通（瓦里霍吞古城）一带，同牡丹江口流徙来的赫哲人融合，形成尤、毕、何、齐赫哲四姓300余人。咸丰年间，尤抗哈拉氏族长叶尼库见嘎尔当一带区位优越，资源丰富，便率领部族徙居到此，建房筑城，捕鱼打猎，过着自给自足的氏族社会的生活。咸丰十年（1860年），正黄旗世袭佐领葛依克勒索斯库来此巡视，见嘎尔当已成赫哲人聚居之地，便立叶尼库为嘎尔当城主。根据中国当代著名的民族学家、人类学家凌纯声在《松花江下游的赫哲族》一书记载：赫哲族聚居的地方，"小者称之为屯，大者为城……屯之大者有人家三百余户，人口多至二千余。大屯因人口众多，为防御邻族的侵入，常筑较坚固的土城"。可见嘎尔当是松花江下游较早形成的赫哲之乡。此名字沿用至今，是富锦现在唯一使用赫哲语的地名。

今日嘎尔当村（田增岐 摄）

　　古比扎拉屯在清史中写为"库巴扎拉屯"，距福题新30余里。古比扎拉系今富锦市富民境内松花江右岸的一条沟河，此沟河西接小龙眼，东至莲花河口，汇入松花江。据《松花江干地名考》一书的解释，"沟河"在满语中称古比扎拉。清代称此沟河为"肃城大沟"。盖因此处曾发现肃慎时期的石器，此地又叫肃城（肃慎人居住的地方）之故。民国时期吉林省地图册标此沟为古比扎拉河。据贾敬颜《东北古地理古民族丛考》载，这里在辽金时代是鳖古部女真人的居址。据《满蒙地名琐闻》记载，莲花河口在元代设有驿站，称古比扎拉。该驿站一直沿用到清末，俗称官家店古城。到明初这里形成了较大的女真部落群，有多处屯寨坐落在这里，其中官家店古城附近的弗多罗衮寨，就是清太祖努尔哈赤率领扈尔汉、安弗扬古第一次征讨萨哈连部和松花江沿江各屯寨时的驻兵之地。天聪三年 (1629 年)，呼尔哈人归降了皇太极后，皇太极将部分呼尔哈人安置在此驻牧。崇德七年 (1642 年)，沙尔虎达对归而不顺的呼尔哈人进行兵伐，这里曾发生过激烈的战争。沙尔虎达从古比扎拉"虏人丁 1 024 口，马 600 有奇"，"斩首 428人"，"顺者俘，顽者杀，无遁者"，把古比扎拉荡成废墟，后来这里成为赫哲人的渔猎之地。

图斯科屯系金代古城。《吉林通志》和清朝著名地理历史学家曹廷杰《东三省舆地图说》"五国城考"中指出，"富克锦下约百里南岸图斯科地方有大古城"。该城位于今同江市乐业镇西南 15公里，距福题新 100 余里。该城西濒松花江叉，城址呈长方形，南北长 400 米，东西宽 323 米，面积约为 13 万平方米。城门位于南垣中央，墙基宽 6 米，高 3 米，上宽 1 ~ 2 米。考古发现，城内有大量金代陶器、瓷器、青铜器残片，说明该城为金代古城。永乐十一年（1413 年）明朝在此设玄城卫，由弗提卫统辖。清朝初年，这里聚成赫哲部落，部落头人名叫托思科，曾受到清王朝封赏。图斯科名字来自于托思科音转，赫哲语意为山嘴子伸到江水中的地方。

曹廷杰 (1850—1926)，字彝卿，号楚训，湖北枝江人。同治十三年 (1874 年) 入北京国史馆，做汉文誊录。光绪九年 (1883 年)任吉林靖边军后路营边务文案。光绪十一年 (1885 年)，曹廷杰奉朝廷命令，从富克锦境黑河口对岸的雪尔固入俄境去西伯利亚实地考察，历时 129 天，行程 1 600 余里。光绪十五年 (1889 年) 至光绪二十年(1894年)去山西任知县等职。甲午战争后复返东北，历任吉林边务文案总理、呼兰木税总局总理、吉林知府、吉林劝业道道员、代理蒙务处协理等职。1920年离开吉林返回故

曹廷杰集

里。有《东三省舆地图说》《西伯利东偏纪要》等著作，后编入《曹廷杰集》。

在古老的赫哲氏族同满族人、鄂伦春族人、鄂温克族人以及生活在原赫哲地域的汉人、朝鲜人的融合中，富锦和以富锦为中轴的松花江上下游以及黑龙江下游，在清朝初年形成了比较稳定的族体"黑斤"。黑斤又称黑真、黑津，赫真、黑吉、额登、奇楞、赫哲，皆为"东方"、"下游"之意，系同音异字。黑斤分为剃发黑斤与不剃发黑斤。黑龙江下游阔吞屯（今俄罗斯马林斯克）一带为不剃发黑斤，伯力至富克锦一带为剃发黑斤。自富锦大屯至松花江上游的赫哲人自称"那贝"；自富锦嘎尔当至街津口的赫哲人自称"那乃"；自勤得利至黑龙江、乌苏里江下游的赫哲人自称"那尼傲"。"那贝"、"那乃"皆为"当地人"、"本地人"之意。可见清朝初年即在今富锦境内形成了"那贝"、"那乃"两部分赫哲人，他们习俗一致，语言相通，以狩猎为业，惯于养马，猎鹿捕貂是他们重要的生产活动。因其有此特长，后来成为清廷专职狩猎的"贡貂部落"。满洲八旗随清军入关后，从清顺治开始，以保护"龙

脉"，保护祖宗发祥地不被破坏为由，严禁汉人进入松花江下游地区，富锦遂成为赫哲族繁衍生息之地，故史称富克锦为黑斤本部（《清史稿》卷八、卷三十一），意为赫哲民族形成的地方。

赫哲族管理本民族内部事务的氏族组织称"哈拉莫昆"。"哈拉"即氏族，是姓氏、帮、伙之意；"哈拉达"即氏族长；"莫昆"即家族、宗族；"莫昆达"即家族长。一个哈拉可以包含若干个莫昆，但一个莫昆只能属于一个哈拉。即一个氏族可以包含若干个家族，但一个家族不能属于两个氏族。一个"哈拉莫昆"的家庭少则七八户，多则十余户，甚至有二十多户的。它有许多不成文的规矩，就像纽带一样，维系着氏族组织的存在，本民族内部发生的一切大小事情，均由"哈拉莫昆"内部解决，不到万不可解时，决不诉诸官府。赫哲族被清政府编入旗制后，"哈拉莫昆"在不同地区仍然不同程度存在着，直到民国时期才失去作用。

由于清朝对赫哲族采取以夷制夷的管理方式，将氏族长任命为国家官吏，给予种种特权。再加上商业经济的发展，赫哲族的原始自给自足经济逐渐解体，社会开始出现贫富两极分化，赫哲族形成后即步入了阶级社会。

"赫哲"这个名称，最早出现于清朝康熙年间初年。在《清实录》（卷八）第 22 页中载："康熙二年癸卯三月壬辰（1663 年 5 月 1 日）命四姓、库里哈等进贡貂皮，照赫哲等国例，在宁古塔收纳。"这是清政府在这个民族的诸多称呼中钦定的名字。在学术界普遍应用"赫哲"这个名称，是在凌纯声《松花江下游的赫哲族》一书出版后广为传开的。

赫哲族有尤、傅、吴、卢、舒、葛、胡、齐、何、毕、董等

11个古老的姓氏，还有黄、佟姓氏，但不多。在赫哲语中，"哈拉"是姓氏。这些姓氏是随着氏族组织的解体，逐渐演变而成。这些姓氏有的来自他们原居住地地名，有的来自图腾，有的来自某一种物品。现在的单字汉文姓氏，有的转变于赫哲姓氏的头一个音，有的由赫哲姓氏的意思转化而成。

"尤"姓是赫哲语"尤坑哈拉"（又名"奇楞哈拉"）汉文简写，起源于大兴安岭齐木音河。"尤坑"是炒鱼松时撇浮油的长柄大木勺之意，齐木音河出产这种炊具。

"齐"姓是赫哲语"齐木音"汉文简写，由原居住地齐木音河而得名。由此可见，尤、齐这两个姓是由于改氏族为姓的人员因时间和迁徙的居住地点不同而变成两个姓，有着密切的族源关系。

"傅"姓是赫哲语"傅特哈"（又称"富萨哈里哈拉"）汉文简写，"傅特哈"系旱柳树之意，也叫"马林咖"，由图腾而来。

"吴"姓是赫哲语"吴丁克（又称"吴克定"）"汉文简写，起源于"乌第河"与"乌勒民河"。

"毕"姓是赫哲语"毕拉坑克哈拉"（又称"毕日达奇哈拉"）汉文简写，由居住的毕拉河边得名。

"何"姓是取赫哲语"毕拉坑克哈拉"之意，又称"毕拉抗咖"。"毕拉坑克哈拉"是河沟、帮伙之意，从其意得姓。由此可见，"毕"和"何"两姓源出于一个氏族。

"舒"姓是赫哲语"舒穆鲁"（又名"孙木恩哈拉"）汉文简写，出自独角龙图腾。"舒穆鲁"是独角龙之意。

"卢"姓是赫哲语"卢业勒"汉文简写。卢业勒是赫哲古老大氏族。"卢业勒"又名"陆雅拉哈拉"，所以氏族名称变为姓氏名称时，以第一个字音演变成汉字的两个单姓"卢"和"陆"。因未把音同韵不同的"卢"和"陆"分开，从而使赫哲族的一个姓变成了两个汉字单姓。

"葛"姓是赫哲语"葛依克勒"（又名"克宜克勒哈拉"）汉文简写。葛依克勒是赫哲古老大氏族。

"胡"姓是赫哲语"胡什哈里"汉文简写。胡什哈里是赫哲古老大氏族。

"董"姓是赫哲语"董抗"汉文简写，由原居住地董抗而得名。

此外，张、王、李、赵、熊、于、乔、温、原、高、刘、宁等姓氏，出自与汉族通婚的后裔，但也有少数姓氏出自清政府赐予的官名。如富锦大屯赫哲族有个张凯喜，原来是"毕拉坑克哈拉"氏族的，本姓毕。其祖父是清朝的"拨什库（族长）"，其父亲是"哈番"。哈番是满洲官职的后缀，可分为"世职"、"实职"两种。世职通常是因功受封，没有真正的职守，但是却标志着家族的地位。但是有一次在登记其祖父的赫哲姓氏时，执笔人认为语长音杂不易写，便对其祖父说：人们称你家是"瞻仁大人（官员的世家）"，你就把这个"瞻"字当姓吧！后来又将"瞻"改成"张"了。从此一代一代传了下来。其后人现居住于饶河县四排赫哲族乡四排村。

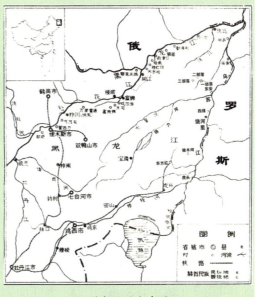

赫哲民族分布图

行政建制　清朝初年，居住黑龙江以南地区的生女真氏族部落，被努尔哈赤和皇太极征服后，南迁到浑河流域，后来成了满族的一部分。但分布在松花江下游、乌苏里江流域和黑龙江以北等地的生女真氏族诸部落，大多未纳入满族共同体，于清初形成了赫哲（俄罗斯境内的称那乃）、鄂温克（埃文基）、鄂伦春（鄂罗奇）、费雅克（尼夫赫）、瓦尔喀等民族。由于古老的赫哲氏族大部分融入了满族，所以赫哲族形成时人口并不多，分布在松花江下游、乌苏里江和黑龙江下游广大的区域内，再加上清朝封禁，使中国东北大部分领土长时期处于人烟稀少、有边无防状态，这就给侵略成性的沙皇俄国野蛮东扩以可乘之机，清政府因国力衰微又无力抗衡，从而使中国失去了大片领土，赫哲族由此成为跨国民族。

呼尔哈部被征服后，清政府保持了原各部落的名称和各酋长的地位，于顺治二年（1645年）将世居依兰的赫哲四大氏族舒穆鲁、葛依克勒、卢业勒、胡什哈里赏赐为佐领，管理自己的领地。富锦属于葛依克勒氏族领区。佐领即牛录额真、牛录章京。牛录是早期满族的一种生产和军事合一的社会组织形式，当出兵打仗或行猎时，按家族村寨每10人选一首领，称"牛录额真"。明万历二十九年（1601年），努尔哈赤定300人为一牛录，作为基本的户口和军事编制单位，设牛录额真一人管理。皇太极登位后，牛录额真改为牛录章京，佐领驻防时置于协领之下，战时领兵，平时掌管所属户口、田宅、兵籍、诉讼等行政事务。根据授予佐领的不同缘由，佐领有世袭、非世袭两种。

顺治九年（1652年）夏，清廷因葛依克勒氏族首领索斯库"武功颇著"，被清政府任命为世袭佐领，管理松花江下游地区的22个赫哲氏族。富锦遂成为葛依克勒氏族的世袭领地。

顺治十年（1653年），清政府设宁古塔昂邦章京（将军）沙尔虎达管辖区管理松花江、黑龙江、乌苏里江流域。康熙元年（1662年）宁古塔昂邦章京改为镇守宁古塔将军。富锦所在的葛依克勒佐领区隶属宁古塔将军。

康熙五十三年（1714年），清政府为加强对松花江下游和黑龙江流域的管理，将舒穆鲁、葛依克勒、卢业勒、胡什哈里（简称舒、葛、卢、胡）四巨族编为正黄、正白、正红、正蓝四旗世管佐领。不久胡什哈里徙往宁古塔，只余舒、葛、卢三姓，遂设三姓佐领衙门，准编舒穆鲁、葛依克勒、卢业勒三氏族为镶黄（舒）、正黄（葛）、正白（卢）三旗。旗长由氏族长担任。富锦当时为正黄旗佐领葛依克勒扎哈拉管辖之地。

雍正九年（1731年），于三姓佐领衙门增设三姓副都统，受宁古塔将军（乾隆十五年改称船厂将军）统辖，管理黑龙江、乌苏里江、库页岛、海中诸岛和南北鄂霍次克海。清初不设郡县，依血缘、地域划分族（姓）、乡（即族区内的屯寨），作为基层行政区，即所谓设官，满语称"西集坚"。族、乡长（满语喀拉达）由族长子弟担任。富锦当时属三姓葛依克勒管辖下的富廷族区，族长置于福题新

三姓副都统衙门满文档案译编

屯（今大屯），从此，福题新有了"富廷"之称。"富廷"系弗提斤音转，福题新明朝称弗提斤，此地为勿吉故地，故弗提斤为勿吉音转。这就是 1912 年吉林省出版的富锦县地图标明福题新为富廷屯的原因。族区内有福题新、嘎尔当、古必扎拉、图斯克（今同江市乐业团结村附近）等较大的噶栅（乡）。族、乡既是部落组织，又是地方组织机构。族、乡长既是部落的首领，又是地方官吏，由清政府发给顶戴文凭。居民编入户籍，由族长、乡长管理。

乾隆二十二年（1757 年）船厂将军改称吉林将军，三姓副都统归吉林将军统辖。富锦属吉林将军辖区。

咸丰八年（1858 年）《中俄瑷珲条约》和咸丰十年（1860 年）《中俄北京条约》重划以乌苏里江、混同江为中俄新界之后，赫哲居民"半居界内、半居界外"，成了跨国民族。由于被沙皇俄国强占去的地方为野人女真故地，所以界外的赫哲人较多，主要居住在黑龙江中游的阔吞屯（今俄罗斯马林斯克）一带。从此，同胞骨肉分隔异地。光绪七年（1881 年），清政府鉴于松花江下游已成赫哲族集聚之地和沙俄不断对我方赫哲笼络诱惑，为了"绥靖固边"，开发边疆，便决定在松花江下游创建由赫哲族自治的行政区，以安抚赫哲，凝聚人心，防御沙俄侵扰。这就为富克锦赫哲族自治区的成立提供了机遇。

清朝原东北领土

　　赫哲自治区　据清代乾隆年间开始绘制的画册《皇清职贡图》记载，清初，居住在三姓（今依兰）之西 200 余里之乌扎拉洪科等地的古老赫哲氏族，迁徙到松花江下游"西南接界蒙古力（今佳木斯东郊）东北至黑河口（今三江口）"的富锦一带后，形成了"毕日达奇哈拉"，"吴丁克哈拉"，"尤坑哈拉"（又名"奇楞哈拉"），"卢日热哈拉"（又名"陆雅拉哈拉"），"葛依克勒哈拉"（又名"克宜克勒哈拉"），"舒穆鲁哈拉"（又名"孙木恩哈拉"），"傅特哈哈拉"（又名"富萨哈里哈拉"）7 个氏族，即毕、吴、尤、卢、葛、舒、傅七姓赫哲，聚居在松花江右岸各屯寨，以渔猎为生。

　　满族是一个高度重视和喜爱皮毛，尤其是貂皮的民族，满族皇帝更是如此，规定王公大臣必须着貂皮服饰，而七姓赫哲秉性朴诚，骁健耐苦，素习乌枪并善戈弋，捕貂谋皮更是一绝，因此被清朝指定为专业狩猎队，将蒙古力至黑河口之间区域钦定为主要贡貂区，一直处于禁垦状态，负责向清朝打貂贡皮长达 200 余年。据载，"该处原为赫哲栖息旧城，各方部落半居江滨，渔猎谋食，不谙耕作，按年补纳进贡貂皮"，"凡其境界，尽属彼族，原无流民在彼居住"。由此可见，自古以来，此处除赫哲和他们的先人外，无其他民族流入。显然，如今的松花江下游是一个移民之地，其历史文化必然呈现民族多元化形态。

　　沙俄当局为了蚕食中国领土，不断对我方的赫哲人烧杀淫掠，再加上哥萨克带来的性病和天花的流行，导致我方赫哲人口急剧减少，与此同时，沙俄当局为了补充其远东地区人口的不足，千方百计诱惑中方赫哲改装易服加入俄籍，这对本来人口不多的中国边境地区无疑是雪上加霜，导致国势日蹙，边防告急。为了应对这种严峻的局面，1880年3月清政府发布谕旨，委派中央大员吴大澂协助吉林将军筹办边防。谕旨称："赏吴大澂二品卿衔，饬赴吉林随同铭安帮办一切事宜。"

吴大澂接到谕旨后，立即赴吉林协助吉林将军筹办防务事宜。一是决定充实边防军队力量，在七姓赫哲中选壮丁200人，充当兵勇，作为现役部队驻扎在"三江襟束，高掌远蹠"的今富锦嘎尔当西1里处的富克锦驻防城，控制松花江锁钥要冲，随时打击沿松花江上犯的俄军。二是决定选择一个较大的赫哲村屯，建立一个专门管理赫哲的机构，加强对赫哲民族的管理，开展经济和社会建设。于是铭安和吴大澂于光绪七年（1881年）九月二十四日向朝廷奏请在三姓东"七姓地方"，"安立集镇，添设协领"。清廷于十月十一日批准了铭安、吴大澂的奏章。光绪八年（1882年）二月铭安、吴大澂将遵旨拟就的《设富克锦协领章程十条》再次呈奏朝廷，并在三月十九日清政府批准后，立即责令三姓副都统长麟遵照章程督办施行。长麟便于五月八日奏请清政府将战功卓著、威望显赫的嘎尔当城主尤坑哈拉·克热炳顺从新疆调回，委任为福题新驻扎协领。由于自唐渤海国以来设衙建制的福题新古城已毁，长麟便计划在福题新古城东部的空地上筹建驻扎协领衙署，由此拉开了建立富克锦赫哲自治区的序幕。吴大澂以他的远见卓识，为保卫祖国边陲，开发富克锦地区揭开了新的篇章。

爱国大臣吴大澂雕像

吴大澂(1835—1902)，江苏吴县人。字清卿，号愙轩，清末金石学家、文字学家。历任散馆编修、陕甘学政、河南河北道帮办、吉林防务督办、北洋会办、湖南巡抚、广东巡抚等职。光绪六年（1880年）受清政府委派到东北督办"移民实边"和编练近代化边防军事宜，为清朝开发边疆、保卫边疆作出了巨大贡献。在"移民实边"方面，吴大澂一是除动员当地人民领地开荒外，又从关内大批招募垦民，并奏请拨发京旗苏拉（闲散人）200户来关外屯垦戍边；二是招俄境流民归垦，并给予自立村屯并配给牛马籽种的优惠政策，以示体恤；三是试办屯田与驻军屯垦，"近可为边氓生聚之计，远可备严疆捍卫之资"。在编练近代化边防军方面，吴大澂一是建立巩、卫、绥、安四个边防军，人数达到9 000人，分5路（前后左中右）驻防，改变了清朝以往没有专司边防部队的局面；积极改进武器装备，购置了大量新式武器，狠抓军事训练；改革八旗兵制为满、汉各半，改世袭制为招募兵制。二是在各地修筑炮台，开辟驿道，修建渡口，筑造桥梁，设置驿站，使水陆畅通无阻，以利军事行动。除此之外，他在松花江下游最大的功绩当属筹建富克锦赫哲自治区。

光绪八年（1882年），铭安和吴大澂将驻扎协领改为富克锦协领，决定将原计划建在福题新古城附近的衙署改建在富克锦城，并将富克锦协领衙署确定为三姓副都统的派出机构，负责管理松花江、黑龙江和乌苏里江下游广大地区，由此富克锦成为赫哲自治区域之名。

富克锦协领衙署将音达木（佳木斯东郊）至通江（抚远境）的沿江22个赫哲屯分成4个防区，每区设一佐领和100名披甲（八旗兵的别称），就地防守，各安生业，由富克锦协领统辖。其中肯达木（又称音达木）至喀尔库玛（又称哈尔库马）为镶黄旗佐领区，有6屯赫哲70余家，来庆任镶黄旗佐领；福题希至图斯克为正黄旗佐领区，有6屯赫哲70余家，间普托任正黄旗佐领，光绪十八年（1892年）改由镶红旗人萨炳阿担任；侬勒布至得勒奇为正白旗佐领区，有5屯赫哲60余家，顺福任正白旗佐领；额图至通江为正红旗佐领区，有5屯赫哲60余家，春凌任正红旗佐领，光绪十八年（1892年）改由正黄旗人全亮担任。佐领为军政长官，统管区内"人户"、"田宅"、"兵笈"等一切防务及行政事务。披甲"居无常事之时，仍听其渔猎谋生，各安本业；设遇江防紧要之时，随时调遣，就近分布各口，以资扼守"。

富克锦协领除直辖佐领外，并在松花江、黑龙江、乌苏里江沿岸设了20个卡台（放哨瞭望的高台子，高4～5尺）和4个卡伦（军营、哨卡）。这4个卡伦指的是诺罗河口卡伦（初设在挠力河与乌苏里江交汇处附近的东安镇，后移至小佳气河与挠力河交汇处东岸，即今日的小佳河镇）；呢满河口卡伦（今虎林县虎头伊曼河口处）；黑河口卡伦（今同江市三江口处）和乌苏里江卡伦（今乌苏里江入黑龙江处）。为了加强乌苏里江的重点防御，又在今饶河境内增设了西布克里卡伦、阿布亲卡伦。卡伦首领相当于现今团级，为军政长官，统管辖境一切防务及行政事务，由富克锦协领派赫哲官兵常年驻守。每个卡伦驻扎兵勇近200人。光绪十五年（1889年）诺罗河口卡伦查获来自俄境偷运鸦片商人2名，缴获鸦片50两。

富克锦协领衙署设协领1员，一年支俸银130两；佐领四员，一年各支俸银105两；防御2员，一年各支俸银80两；骁骑校4员，一年各支俸银60两；无品级笔帖式2员，一年各支俸银36两；领催20人，一年各支俸银18两；披甲400名，一年各支俸银12两；其他从员12人，一年各支俸银16两，共设官兵433人。清政府每年拨实银6 300两，解决衙门经费，每年春秋赴省，由边防饷银项下拨领。后期清政府库银"见绌"，经费难以保障，便允许衙门由放荒费中充实解决。

富克锦辖区

富克锦赫哲自治区位于黑龙江、松花江、乌苏里江汇合处，几乎涵盖了今狭义的三江平原。全境东西430余公里，

富克锦赫哲自治区区域图

南北250公里,总面积105 000平方公里。境内山川秀丽,江河纵横,地域辽阔,物产丰饶。其形状类似一个平放的元宝。清富魁在纂修的《三姓志》卷五中对富克锦的山川形势作了详尽的介绍。

据《吉林通志》记载:富克锦赫哲自治区"东至诺洛河(挠力河)口之乌苏里江东岸俄罗斯界七百余里,西至松花江西岸黑龙江呼兰厅一百六十里,南至诺洛河北岸三姓界五百余里,北至近接松花江北岸黑龙江瑷珲界,东南到穆棱河宁古塔界六百余里,西南到音达木河口三姓界三百二十一里,东北到乌苏里江口东岸头号耶字界碑以东俄罗斯界七百四十里,西北近接松花江北岸黑龙江瑷珲界"。境内坐落着瓦里霍吞,希尔哈,福提新(又称福题希,即大屯古城),图斯克,额图,青得林,莽吉塔7个古城和72个赫哲屯,共计780户赫哲人。《吉林通志》记述松花江下游共有9个古城,而富克锦境内就有7个。可见富克锦赫哲自治区是个历史悠久之地。

瓦里霍吞古城,明代称佛思木,距大屯古城200里。古城遗址位于今桦川县城东北40里的松花江南岸万里河村和马库力村。据黑龙江将军衙门编制的《黑龙江舆地图》记载,"瓦里霍吞,辽代称宛里城,元代为脱斡怜军民万户府,明代为万里河卫城,清代为松花江下游赫哲族所居宛里和屯"。该古城堡由万里河村的中心城和村东南的马鞍山、西南的马库力山两个军事卫城组成。依土岗地势走向筑成,平面呈不规则形,掘土起墙,夯土版筑,周长3.5公里,占地面积80万平方米。城东、西、南三面各设瓮城,均居城墙中间,西、南各有一门。城内西偏北为圆形土台,俗称"金兀术点将台",为该城制高点。现存城墙平均高度为6米,东南最高处达10米,东、南二瓮城和大部分城垣保存完好，为全国重点文物保护单位。1909年在富克锦境内建县时为富锦县舆地，1947年11月划归桦川县。

瓦里霍吞古城遗址

希尔哈古城，位于今桦川县新城镇，距桦川县城110里，距瓦里霍吞古城70里，距大屯古城130里。城内地势北部略高，海拔70.5米，南部略低，海拔68米。城墙土筑，高4米，周长3 200米；四面均有城壕，宽4米，深1米；城上设有瓮城、马面、转角楼；古城西南3里处建有周长14米的卫城一座，可见希尔哈古城的护城设施相当完备。该城与上京会宁府遗址及依兰土城子在形制上非常相似，具有明显的金代城市特点，对于研究女真族的历史及金代城市建筑、军政建制都有重要价值。富锦建县时，曾被选为县城城址，据说"新城镇"的名称由此而来。后由于临江府认为希尔哈古城地势低洼，且离桦川县治较近，而"富克锦地方村落聚成，商贾殷赈，是粮石出口聚汇俄轮出集之所，日后可成下江要埠之都邑耳"。故将城址改建在富克锦的霍吞吉林（今富锦市区），使希尔哈古城在历史上失去了再现风采的机会，同时为赫哲小渔村霍吞吉林更快、更大、更好地发展提供了千载难逢的机遇。

第六章 赫哲

希尔哈古城城墙遗址

额图古城，位于今同江市境内的农垦建三江分局的勤得利农场的额图村（古赫哲渔村，农场水产公司一队渔业区），距富锦大屯古城280里。额图地名出自额图山，也有的说出自兄弟二人争斗的传说。《吉林通志》和曹廷杰《东三省舆地图说》"五国城考"俱载："图斯科下一百八十余里南岸额图地方有古城。"曹廷杰在《西伯利东偏纪要》中对古城地势做了如下记述："松花江南岸额图地方，有石砬子二座，高约十余丈，耸峙江边，西一石砬略高，形若覆钟；东一石砬稍矮，若覆釜。二石砬顶上俱有土壕，土人呼曰卓罗哈达韦克和屯，证以国语犹言石砬顶上城也。其处据形势要害，松花、黑龙二江合流经其下，上下数里俱无沙洲，细观之，知为古人用兵炮台形迹显然。南面有平冈、平原可屯数万军，并有车道上通富克锦等处，下通挠力河口。"足见额图是古代一个军事要地。明永乐五年在此设考郎兀卫。富克锦协领衙署成立后，此地属于正红旗佐领区。

额图风光

　　勤得利古城（也称青得林古城），明代称乞列怜，位于今农垦建三江分局勤得利农场西山南坡，东北距勤得利码头 8 里，北距鱼亮子 2 里，东北距畜牧队 2 里，西南濒临勤得利河湾，所以称勤得利古城。此城距额图古城 40 里，距大屯古城 320 里，为肃慎后裔部落地。清时因此地住过奇楞人，故赫哲语叫气俄林、气纳林，至民国初，音转为清得利。1958 年在此建农场，借清得利音而命名为勤得利农场，转为汉语音，意为勤劳而获丰收。古城依山势而修，高耸嵯峨，怪石嶙峋，两面河水环绕，雄山夹峙，平添了古城凌空飞动的气势，在古代的确是一个易守难攻的地方。古城呈不规则形，城墙周长 1 928 米，夯土为墙，无瓮城马面之设。古城北、西墙保存较好，外高 5 ～ 6 米，内高 3 ～ 4 米，墙基下宽 6 米，上宽 1 米。南墙保存较差，大部分已辟为耕地，高仅 1 米左右。城门位于南垣中央，仅余 3 米豁口，两侧各堆一土丘。登北城垣制高点，极目远眺，额图山西峙，黑水东流，青山绿水尽收眼底。城内出土大量纹饰灰陶片、瓷器残片和若干枚唐宋诸代铜钱。从古城建筑形制看，年代可追溯到唐代渤海国时期。唐渤海国在松花江下游设怀远府，下辖达、越、怀、纪、富、美、福、邪、芝九个州，州下设县。其中越州设在富锦大屯古城，下设越喜、豹山、乳水、万安四县，至于勤得利古城为唐渤海国何机构所在地有待考证。此城辽代称兀惹城，是那时居住在黑龙江流域著名的民族兀惹人的首府。到金代，此城仍称兀惹城。到了明朝，勤得利古城成为海西东水陆城站交通线上的驿站，称乞勒伊城。

勤得利古城山庄

勤得利古城遗址

莽吉塔古城，在今抚远县，位于黑龙江、乌苏里江汇流处抚远三角洲西北的白山顶上，西北为抚远镇，北面萦绕着黑龙江水。据清代杨宾《柳边记略》载，此城又称"莽亦帖站"。该城距抚远县城 20 华里，东北与黑瞎子岛隔江相望。城墙依山势而筑，直至临江的悬崖峭壁上，居高临下，地势险要，有扼控两江（黑龙江、通江）之势。古城呈不规则的西南东北走向的长方形，周长约 925 米，城墙残高 0.5 ~ 3 米不等，仅南墙设一门，墙外侧有护城壕。此城俗称"城子山山城"。该城是明朝为了对东北地区实行管辖，设立的"海西东水陆城站"的第十城，是中国第三条"丝绸之路"的重要驿站，而与其遥遥相望的黑瞎子岛上的药乞站是海西东水陆交通干线在现我国境内的最后一站。药乞站位于黑瞎子岛居中位置，清代名"木克得赫葛山"。这两个站属于水、狗站，夏天乘船，进江入海，四通八达；冬天乘爬犁行于冰上，以狗驾拽，疾驰如马。1984 年莽吉塔古城遗址被黑龙江省人民政府列为重点文物保护单位。

莽吉塔古城遗址

赫哲古村屯一般都是沿江河而建，分布在音达木（今佳木斯音达木河）至呢满河口（今虎林县虎头）的沿松花江、黑龙江下游和乌苏里江一带和七星河、挠力河、安邦河流域。清祁寯藻在《富克锦舆地略》中明确指出，"由富克锦城（嘎尔当古城）起，顺江南岸，西南至富替新（即福提新，又称福题希）"，喀尔库玛，瓦里霍吞，苏苏屯，音达木，皆"赫哲兵住址"。"由富克锦城向东北，顺江南岸"的嘎尔当，霍吞吉林（现富锦市区），图斯科，呢尔博

（又称尼尔固），拉哈苏苏（今同江市），奇奇喀，莫力洪库（又名莫日红阔，牧马场之意），街津口，科木（科木又作可木，明朝"可木卫"治所），德勒奇（又名得勒气），额图，阿玛红，奇讷林（又名青得林、羌图里，今勤得利农场），富唐吉，色勒街库，浓江，科勒木洪库，通江，挠力卡伦，呢满卡伦，皆"赫哲兵住址"。这些住址计28处，260户；七星河、挠力河、安邦河流域村屯计50余个，520余户。而赫哲人居住最集中的地方是现富锦境内的福题新（弗提斤音转，赫哲人称富廷，今大屯），嘎尔当，霍吞吉林（现富锦市区），这三屯相距不远就有50余户，足见富锦确为赫哲人聚居之地，这是清政府将富克锦协领设在富锦的一个重要原因。这些古村屯现在有的仍沿用原有称谓，有的改换成其他名字，有的在沙俄侵扰和日寇归屯并户时废弃。那些遗留在厚厚的历史帷幕后面和散落在荒丘野草中人类活动的信息，承载着松花江下游悠久的历史和古老的文明，有待于后人进一步去挖掘和研究。

祁寯藻雕像

《富克锦舆地略》是记述富克锦境内卡伦、古城、村屯的地理方位、道路远近和赫哲兵驻扎地址的最珍贵、最权威的历史文献。对照文献笔者感到，现有关部门将位于嘎尔当西的大屯古城确定为霍吞吉里古城，并树碑铭文以记之，此事应予以进一步考证和商榷。其原因是：祁寯藻在《富克锦舆地略》中明确指出，"由富克锦城向东北，顺江南岸起二里嘎尔当，赫哲兵住址。嘎尔当至霍吞吉林（亦称霍吞吉里）五里，均赫哲兵住址。霍吞吉林起，至图斯科一百二十里，有古迹土城一座"。由此可见，霍吞吉里在嘎尔当东五里，并不在嘎尔当西，而大屯古城位于嘎尔当西七里。因此，将大屯古城确定为霍吞吉里古城，在地理方位上就出现了明显的错误。另外，《吉林通志》明确指出，大屯古城明朝称弗提斤，清朝称福提新（弗提斤音转，又称福题希），没有将大屯古城称作霍吞吉里古城的记载。《吉林通志》为光绪十七年吉林将军长顺（末代皇后婉容之曾祖父）聘李桂林总纂的清代末叶吉林省第一部官修的全省通志，是中国东北地区的一部上乘志书，历史资料不但十分珍贵，而且具有极高的权威性。

霍吞吉里确有此地，是同治五年（1866 年）清政府为防御俄兵沿松花江上犯，在元代驿站附近（今富锦市区原拖拉机厂处）设立的由赫哲兵驻守的卡伦（哨卡）。元代朝廷为加强对黑龙江流域的军事控制，在辽金贡道的基础上进一步开辟驿道和驿站。设在今富锦市区拖拉机厂一带的驿站称弗斡里城，城周长一里，远近闻名。由于卡伦位于弗斡里城附近，而满语霍吞为"城"，吉林为"边"或"沿"之意，故卡伦称霍吞吉林，后在此形成一个赫哲小渔村，霍吞吉林便成为赫哲渔村的名字。1909 年在此建富锦县后，这个小渔村快速发展起来。民国二十年（1931 年）七月二十日绘制的《吉林富锦县城区街市略图》中将今拖拉机厂一带标注为吉林街，即霍吞吉林故址。因此，尽快为霍吞吉里和大屯古城科学定位，恢复历史本来面目，既是松花江下游文化研究的重要课题，又是文史工作者责无旁贷的历史使命。

《富克锦舆地略》的作者祁寯藻，字叔颖，后改实甫，号春圃，

第六章 赫哲

晚号观斋。生于乾隆五十八年（1793年），是著名的地理学家祁韵士之子。嘉庆十九年（1814年）成进士，授编修。道光年间，累迁侍讲学士、内阁学士和兵部、户部、吏部侍郎。道光十九年（1839年）因奉命视察福建海防及禁烟事连擢升左都御史、兵部尚书，为抗英禁烟派代表之一。咸丰时官至体仁阁大学士，授礼部尚书。古诗文辞，卓然成一家。同治五年（1866年）卒。一个在政界、军界和学术界建树颇丰的人，对"富克锦舆地"如此关注，亲自著文记述，足见富克锦在当时的重要地位。

　　富克锦境内在关帝庙和嘎尔当屯均设有以物易物集市贸易场地，与外界有着密切的经贸关系，交易十分活跃。据《协领衙门档案》记载"贸货者多往来于伯都讷（今吉林省松原市宁安区）、三姓（今依兰县）和阿勒楚客（今阿城市）"，可见交易范围之广。松花江下游的赫哲人用名贵的兽皮和珍稀的榛果换取外来的烧酒、食盐、布匹、火柴等日用品。嗜酒是赫哲人生活中一项重要内容，所以以物换酒是赫哲人交易的主要项目。貂皮一张可换酒五合（一合等于八两），鹿皮一张可换酒三合，狍皮一张换酒一合，榛果十五斤换酒一合。

　　嘎尔当屯还是赫哲人萨满教的中心地。萨满教的五级三派基本俱全。萨满祈祷师家中屋地三面是火炕，正面的炕上设着祭坛，上面供着一座主神像，主神像左右两边排列着十来个陪伴主神像的巡游神像及举行仪式时用的大鼓等。在巡游神中还夹杂着鹿、豹、虎等动物像，祭坛屋地天棚上吊着一根火绳，

萨满祈祷师在主持仪式

终日冒着袅袅青烟。祈祷师主持仪式时，着特制巫袍，巫袍上点缀着金属饰片；敲打着招徕各路神仙的大鼓。鼓呈椭圆形，鹿皮鼓面，鼓壁里侧缀着铜币。萨满（大神）边敲鼓，边跳动，边通过与扎林（二神）对歌形式给人治病、占卜、驱邪、主祭。所唱神歌除迷信成分外，还包含着古老而富有民族特色的历史故事和民间传说，极富感染力。

富克锦首府　富克锦首府位于嘎尔当古城，又称富克锦古城，古城位于嘎尔当西 2 里的松花江边，现富锦进思公园内，始建于清光绪六年（1880 年）的富克锦驻兵城堡。富克锦城堡是为了防御沙俄侵扰而建，名字由吉林将军铭安提议。著名历史地理学家谭其骧考证："福题新光绪八年更名，始曰富克锦。"这个说法有待商榷，因为福题新为清朝时大屯古城的名字。大屯古城位于今富锦市区西 9 公里处，东距大屯村 1.5 公里，西距清化村 2.5 公里，始建于唐渤海国时期，辽、金、元、明皆在此设衙建政，此城被《吉林通志》列为松花江下游九大古城之一，辽称越里笃，金称讹里骨，明称弗提斤，清称福题新（又称福题希，弗提斤音转）。《吉林通志》记载：富克锦城"正西距城六里富替新（福题希谐音）屯"。福题新古城在战火中"荡为废墟"后，成为离古城 2 里的赫哲聚居地的名字，此地后改称大屯。而富克锦则是设在嘎尔当西 1 里处的驻兵城堡的名字。谭其骧此说可能指福题新这一地域而言。即在富

富克锦古城遗址（田增岐　摄）

克锦这一名字出现之前，此地概称福题新。

铭安没有留下"富克锦"作何解释的文字资料，所以后人众说纷纭。有的将富克锦解析为"临江高地"，有的说是"开创"之意，但经近人考证，解析为"金鹰（海东青）"较比确切。因为富锦在辽五国部时期曾生活着一个著名的生女真部落，这个部落以擅长捕捉猎鹰海东青而著称。海东青又称金鹰，女真语把金鹰称作"鳖古德"（又名鼻骨德、鳖古、龌古、跋古、孛苦江），于是，鳖古德便成了生活在这里的女真人的称呼。按女真人其居住之地河流、城邑以部族而命名的一般规律，此处河流便称鳖古河（或称跋苦水、孛苦江）。鳖古河位于今富民境内的喀勒达河，俗称莲花河。元朝在富锦设置的军民万户府即冠以孛苦江之名。清时赫哲人将此河称作富克锦河，自然富克锦即为"海东青"之意。铭安（1827—1911），叶赫那拉氏，字鼎臣，内务府满洲镶黄旗人。咸丰六年进士，授编修，除赞善，累迁内阁学士。光绪二年，任吉林将军。按铭安的出身、资历和经历看，铭安取"海东青"为富克锦之意比较符合实际。

莲花河风光（赵月然　摄）

富克锦城堡为矩形，南北 200 米，东西 150 米。筑土为墙，夯土版筑，设雉堞、马面，高 6 米，宽 2 米，周长 700 米；城设 4 门，皆建有瓮城；护城河深 2 米，河上建有吊桥；城内建有营房和马厩。从构造看，这是一座具有明清风格的军事防御性质城堡。城堡建成后，铭安和吴大澂从富锦七姓赫哲中选调甲兵 200 名，编为马甲（骑兵）、步甲（步兵），驻防富克锦城内，成为扼控松花江下游咽喉的军事要地。

　　光绪八年（1882 年），驻扎协领改为富克锦协领后，协领衙署由最初选址在大屯古城东侧空地，改建在富克锦城堡西北部。光绪十年（1884 年）富克锦协领署廨建成，共有明清风格的砖瓦结构房屋 30 间。南北各有一排正房，东西各有一趟厢房，呈四合院形状。其中坐北朝南正房为富克锦协领的办公室和起居间，各 5 间；东厢房为镶黄旗和正白旗的各 3 间办事房，西厢房为正黄旗和正红旗的各 3 间办事房；坐南朝北的正房为协领衙署内设机构的 8 间办公房。衙署西侧建有军械库一所、校兵场一处。光绪十八年（1892 年），三姓副都统为"倡忠勇，鼓士气，固国防"，在富克锦城西建关帝庙一座，其中正殿三楹、观音殿三楹、禅堂三楹，规格较高，规模较大。正殿主祀关羽，头戴冠帽，身着戎服，威风凛凛。关羽的前左侧塑有周仓、关平的站像，各持长刀短剑。观音殿主祀观音菩萨，两侧坐落十八罗汉。禅堂系讲经念佛、开展佛事活动之处。此庙是三姓境内三大武庙之一，也是松花江下游唯一大庙，为富克锦协领操练兵勇、誓师点将的地方。由此富克锦城始成规模，由富克锦城堡、富克锦协领衙署、军械库、校兵场、关帝庙五个建筑群组成，气势雄伟，巍然壮观，成为富克锦赫哲自治区的首府和松花江下游的政治、经济、文化和军事中心。

关帝庙

现在古城已淹没在岁月风雨中。关帝庙早在 1900 年毁于沙俄攻打富克锦衙门的炮火中，富克锦协领衙署何时被何人损毁不见记载，只有富克锦城堡东部遗存高约 1 米的残墙，墙上生长着荆棘野草和一排古老的大杨树，城堡北部由于松花江水的冲蚀，早已陷落江中，南墙、西墙夷为平地，城堡内房屋建筑不见任何遗迹。1949 年富锦县委县政府将民主革命时期为革命献身的 221 位烈士遗骸安葬在古城南部，称革命烈士公墓。1999 年黑龙江省革命烈士基金会和富锦市人民政府在原地开始重新修建烈士公墓，改称富锦革命烈士陵园。2007 年富锦市委市政府为了纪念抗日烈士张进思诞辰 100 周年，将富锦革命烈士陵园改称进思公园。1982 年12 月，富克锦古城被黑龙江省人民政府确定为省级文物保护单位。残墙处立有纪念石碑一块。其历史功绩，笔者有《富克锦古城赋》一篇为证。

咸丰当政,俄寇犯难;条约泣血[1],边陲狼烟。青山绿水遭涂炭,血雨腥风遍人寰。天地同怒,鬼神共怨。黑水腾起千层浪,白山壁立万仞峦;富克锦古城拔地起,赫哲族自治新纪元;绥靖安民写春秋,强边固防谱新篇。

遥想当年,嘎尔当西,金戈铁马,虎踞龙盘。富克锦城堡旌旗卷,步甲马甲枕戈眠;将军抚剑城头立,寒风冷月弓在弦。富克锦衙署帷幄地,协领佐领夜达旦;铁骑鱼贯传羽檄,决胜千里敌胆寒。君不见,关帝庙前点雄兵,大鹏展翅翔九天;马蹄踏雪疾如飞,乘风破浪扬征帆;校兵场上杀声急,腾挪跳跃刀光寒;战马嘶鸣裂长空,披霜挂雪战犹酣。

噫吁唏,二十七载图自强[2],七任协领赴国难。勘边界,竖界碑,寸土必争固边关;设边卡,建水军,针锋相对斗敌顽;修道路,架桥梁,荒山峻岭任登攀;破旧俗,立新风,满汉通婚开新篇;修港口,造大船,中原边疆一线牵;开官禁,垦荒原,茫茫大地铺良田。嗟乎,茫茫原野,遍地英雄,刚毅威猛,敢为人先;中兴路上,一代豪俊,百折不挠,一往无前。

呜呼,岁月无情东逝水,巍巍古城成残墙。断垣土丘,古树苍鹰,依然骏骨铿锵,清风晓月话沧桑;古城有意铸丰碑,浩浩松江唱辉煌。肃慎文化,古老文明,尚需薪火相传,奋发图强写华章。富锦源头富克锦,赫哲摇篮松花江。永铭记,切莫忘,追本溯源明正道,稽古鉴今战苍黄。

注 ①指咸丰八年(1858年)和咸丰十年(1860年),沙皇俄国强迫清政府签订的丧权辱国的中俄《瑷珲条约》和中俄《北京条约》。
②富克锦赫哲自治区1882年成立,1909年完成历史使命,共27年,历经七任富克锦协领。

富克锦协领　协领是清代各省驻防将军属官，正三品，位在副都统之下，佐领之上，负责驻防地的军政诸务。都统是清代驻扎在各地的"驻防八旗"的长官（满语称固山额真），其职责是"掌镇守险要、绥和军民、均齐政刑、修举武备"。在不设驻防将军之处，都统为该地的行政长官。在设有驻防将军之处，副都统（满语称梅勒章京）为正二品，受将军节制。三姓副都统受吉林将军节制，富克锦协领受三姓副都统管辖。

富克锦协领是富克锦赫哲自治区最高的军政长官，统辖自治区内一切军政事务，共历经七任。七任富克锦协领在勘定中俄边界，加强边防建设，开展边疆贸易，活跃民俗文化，提倡民族通婚，改善民族关系，发展水陆交通运输事业等方面作出了重要贡献，尤其利用清朝开禁之机，于1890年在松花江下游和乌苏里江流域大力推行垦荒引佃富边政策，谱写了开发边疆、建设边疆和保卫边疆的光辉篇章。

第一任协领是尤坑哈拉·克热炳顺。咸丰十年（1860年），尤坑哈拉·克热炳顺的父亲、赫哲氏族长尤坑哈拉·尼叶尼库被正黄旗世袭佐领葛索什库哈立为嘎尔当城主（噶珊达）。咸丰十三年（1863年）尤坑哈拉·尼叶尼库调入盛京（沈阳），先后任护陵哈番和柳边沟参领，由其子尤坑哈拉·克热炳顺任新城主。同治十一年（1872年），尤坑哈拉·克热炳顺奉命率200名赫哲兵马队赴新疆参加收复伊犁之战。同治十二年（1873年）转赴肃州，在乌鲁木齐提督成录的指挥下，在格尔克依玛剿叛之战中荣立战功，升为驻防肃州守镇哈番。光绪六年（1880年），嘎尔当的赫哲人因战功卓著被清王朝编入旗籍，并于光绪七年（1881年）调尤坑哈拉·克热炳顺任福题新驻扎协领。光绪八年（1882年），清政府改福题新驻扎协领为富克锦协领，尤坑哈拉·克热炳顺成为富克锦第一任协领。

尤坑哈拉·克热炳顺在任8年，针对东北边陲有边无防的现状，重点致力于边防建设。一是设立卡台20余处，边卡9处，完善了富克锦赫哲自治区的边防防御体系。二是在吉林督办吴大澂的策划下，主持了松花江水师营的创建，到1889年松花江水师营拥有舰船12只，"噶尔萨"大炮15尊，官兵炮勇178名，常年驻守在松花江下游一带，有力地遏制了沙俄的侵扰。三是在俄国通过《北京条约》将北起乌苏里江口，南沿乌苏里江至兴凯湖，以及沿大绥芬河至图们江口以东中国之广大土地强行割去，并多次偷偷将国界界标向我方移动的情况下，尤坑哈拉·克热炳顺于光绪十三年（1887年）受吉林将军希元委派，会同俄国官员，在乌苏里江口重新勘定了中俄边界，将"乌苏里江口旧有界碑一道换立头号耶字石界碑一道"（《吉林通志》），为边防建设做出了大量艰苦细致的工作。

富克锦第二任协领是庆福，于光绪十六年（1890年）到任。在任5年，他做了三件大事。一是受三姓副都统委派在富克锦城西修建了武庙(关帝庙)，并利用庙会开展以物易物交易和文化交流，活跃了边境经济和民俗文化。二是积极推行垦荒引佃的富边政策，首次向汉民放荒。汉民带来先进的生产和生活方式的同时，也带来了先进的文化，推动了三江平原的经济发展和社会进步。庆福首先在富克锦城西30里的西下坎向8户汉民放荒7 380垧，与此同时，将富克锦衙门官员的生活地，以"方"字地（45垧为一方）和"井"字地（1 620垧为一井）形式廉价（每垧地300铜钱左右）处理给汉民。三是按照清政府每户贡献貂皮一张的规定，共贡献貂皮1 089张，建立起了完备的户籍管理制度。

富克锦第三任协领是德申伍（满祥伍），光绪二十一年（1895年）冬到任，在任3年。他把主要精力投放在"放荒实边"上。光绪二十三年（1897年）在大屯、永安屯（今长安）一带招定居汉民50余户，流徙户近百户，放荒3 000余垧。同时，在富克锦城东修建了两幢粮仓，收储余粮，以备荒年和战时之需。他十分重视水陆交通，要求各防区春秋两季由佐领带领披甲，在自己防区内修路造桥设立驿站，并每年亲自到现场视察交通状况，使富克锦辖境内的交通运输条件在他的任内有了很大的改善。1898年8月德申伍鉴于古必扎拉在历史上的战略地位，设立了卡台，由赫哲兵驻守，使其成为富克锦的东部门户。11月德申伍因政绩显著，升任三姓副都统。

嘎尔当西下坎远眺（赵月然 摄）

富克锦第四任协领是富顺，于光绪二十四年（1898 年）到任，在任 4 年。富顺在任期间，正值清廷处于动乱年代。光绪二十六年（1900 年），在俄寇沙哈诺夫指挥下，俄舰 22 艘，拖船 56 只满载俄兵从伯力出发，逆松花江上犯，其中沙俄 19 艘炮舰从嘎尔当江边登陆，攻占了富克锦协领衙门，毁坏了关帝庙，驻兵霍吞吉林，长达 4 年之久，严重干扰了协领衙门的正常秩序。但他坚守岗位，履行职责。在推行满汉通婚、改善满汉民族关系上作出了榜样，带头把自己的女儿嫁给了汉人，这在当时是社会观念的一大进步；他反对鸦片，在禁烟行动中尽职尽责，对从俄境偷运鸦片给予了沉重打击；在嘎尔当下坎修建了长一里多的船库，监造大船十余艘，为发展富克锦水上交通运输作出了贡献。1902 年升任三姓副都统。

　　富克锦第五任协领是那洪哈，于 1902 年春到职。当年即奉清政府之命，在霍悦享台（今上街基政府所在地清化村）设立了管理由哈尔滨至同江的电报干线的第十三支局。此时的富锦松花江沿江一带汉民渐聚，村落初成，促使富克锦以物易物交易日益繁荣。从《协领衙门档案》"沿江岸里许，居民四十余家，贸货者多往来于伯都纳、三姓和阿勒楚克"的记载看，今富锦城区所在地霍吞吉林已成为松花江下游的繁华小镇、重要港口和贸易中心。那洪哈面对日益繁杂的社会事务，对加强行政和经济管理作了艰难的探索。

　　富克锦第六任协领为葛依克勒·全亮（1847—1922），祖居乌苏里江口德新部落，为葛姓之望族。历代承袭世管佐领，延续十二世。全亮自幼聪明好学，文武双全。18 岁（咸丰八年，1858 年）应征入伍，在新疆伊犁反击沙俄侵略的谷地战役中立下了战功。

光绪三年（1877年）荣归依兰哈拉（三姓）故里，任公中佐领（清朝武将）。光绪十八年（1892年）任富克锦正红旗佐领。光绪二十九年（1903年）出任富克锦协领，在任一年，做了4件大事：一是建立了富克锦电报局；二是修筑了霍吞吉林码头；三是修筑了三江口大堤；四是为了通过水运振兴边疆，在4个佐领区修建了4个轮船停靠码头。光绪三十年（1904年）六月全亮调任三姓副都统，在率部反抗沙俄对三姓侵略时，全亮奋力指挥，分队御敌，毙伤俄军百余人。此时全亮已负伤多处，血染战袍，但他仍跃马疆场指挥战斗，直至重伤落于马下，人事不省。人们为了表彰他的御敌功绩，赠送"望重东陲"的匾额，悬于私邸。

反抗沙俄侵略

富克锦第七任协领为炳祯，汉名炳周臣，光绪三十年（1904年）六月到任，他是富克锦最后一任协领。1905年炳祯第三次向汉民放荒。宣统元年八月初八（1909年9月21日）建立富锦县，富克锦协领衙署撤销，赫哲披甲遣散，炳祯"裁退待缺"。1910年4月出任富锦县首任知县。

　　赫哲族是肃慎的后裔，由于其一直生活在黑龙江、松花江和乌苏里江流域，所以，同肃慎的其他后裔，尤其满族相比，其社会形态更具肃慎的原始文化特征。

　　渔猎经济　古老的赫哲氏族属于野人女真的一部分，自古就有"渔猎养马犬，不谙农耕"的习俗。在融合满族、鄂伦春族、鄂温克族形成赫哲族后，延续其固有的经济形态，仍以渔猎为主，兼事农耕和养殖。所养的马，除自用外，主要是出售、出租以及同狩猎人入股分成。据《满蒙时报》报道：当时富锦大屯的屯东住赫哲几十家，从渔从猎，各司其业，养马是他们的主要副业，少者十几匹，多者几十匹。

　　富克锦协领成立后，清政府为了振兴边疆经济，加强边防建设，试图促使七姓赫哲人向农耕经济转化，将七姓赫哲编旗归伍，计划给笔帖式以上军官和领催、甲兵分配一定数量的土地。但是，清朝沿袭旧制，仍坚持把赫哲贡貂视为要差，强调打貂贡皮照旧章办理。贡貂是赫哲渔猎民向满族统治者贡献方物的一种带有强制性的生产活动，是衡量边疆少数民族对中央王朝是否忠诚的重要标准，定期不交或拖延时间较久者，必遭武力征伐之灾，按期朝贡者则有赏赐。这就逼迫赫哲人把打貂贡皮放在经济生活的首位。因此，客观上阻碍了七姓赫哲向农耕经济转化。

　　清朝开禁后，随着人口的增加，以及土地逐渐被大量开垦，导致紫貂等猎物减少，清朝才彻底放弃了要赫哲人打貂贡皮的政策，沿松花江 5 里以内，优先拨给赫哲人土地，使其永远安业，各得生息。其中免费划给赫哲甲兵"恩赏地"6 000 垧（小垧）；满人和官员生息地 1 380 垧；八旗官兵养赡地（又叫随缺地、职田）425 垧；协领衙署公用官地 2 386 垧，共计 10 000 余垧。但是，七姓赫哲只擅长渔猎，初习农业很不适应，再加上生活贫苦，无力购买牛马农具等物，土地因无人耕种而撂荒。随着富锦设治后土地日贵，赫哲人的商品意识渐趋浓厚，便大做土地买卖；一些外来垦荒户见赫哲人的土地肥沃，价格便宜，也多方诱骗其卖地，使得赫哲人的土地大部分失去，只好继续从事原始的渔猎和养殖，兼种少量土地。

"九一八"事变后，养马户相继破产，后来，由于打猎受到限制，猎民基本变为渔民，少数人变为农民。1943 年日本侵略者为了防范赫哲人参加抗日活动，开始将赫哲人向同江、抚远、饶河等荒无人烟的深山老林和沼泽草地上强行迁移，建立集团部落。一方面胁迫他们边打猎边监视抗日联军，另一方面企图使他们在饥寒交迫和疾病折磨中全部灭绝。1946 年 5 月，国民党光复军头目尤德荣在发动叛乱，进攻富锦失败后，将余下的赫哲人全部诱迫迁徙到饶河县的里七里沁（里七里沁河同挠力河汇流处），后迁徙到四排村。这就是四排村的赫哲人每每谈到富锦，常说是他们的故乡的原因。从此，在富锦繁衍生息了 300 多年的赫哲人被迫背井离乡，离开了他们魂牵梦绕的富锦山山水水，把承载着赫哲人光荣与自豪的赫哲故里留在了富锦大地！据第五次人口普查，富锦的赫哲人只有 65 人，大多数为赫哲人与汉族通婚的后裔，散居在城乡各地，从事着各种不同的职业。

风俗文化　风俗文化是一个民族在长期的历史进程中形成的。由于努尔哈赤在征服女真的战争中，富锦一带的女真人或被杀，或被掠，留下的少数女真人融入赫哲族中，所以清朝时期，生活在富锦的主要是赫哲人，少量的满族人多系辽宁、吉林以及本省阿城、双城等地各个历史时期因从军、从商、官吏派遣、开荒务农等原因迁徙而来。所以，在长达300余年的时间里，富锦的风俗文化，基本上是以赫哲族为主。

赫哲族是一个古老文明的民族，其历史文明可以追溯到新石器时代充满浓厚渔业文化气息的新开流文化。这个民族长期流动于江河沿岸、山林旷野之中，所处地带冬季天寒地冻，积雪长达6个月之久。这种严酷的自然环境，铸就了他们纯朴、憨厚、刚强、豪放的性格，创造了自然、质朴、雅致、奔放的渔猎文化。他们有充满民族智慧的伊玛堪（说唱故事）、加林阔（流传小唱）、苏胡罗（民间故事）等口头文学艺术；有独具民族特色的鱼皮、鱼骨、白桦树皮手工艺艺术和图案艺术。尤其图案艺术非常发达，吸收了汉族图案艺术的精华，并不断创新。其鱼皮、兽皮制作的衣服、鞋、帽、被褥上的各种云纹、花草、蝴蝶及几何形图案，餐具、桦皮制品上雕刻的各种纹样、山水、花朵、鸟兽等均新颖别致，形象生动，精彩美观，生动形象地反映了本民族的生产、生活特点和赫哲族人民的聪明才智和审美的群体意识，极富民族特色，是中华民族刺绣、图案艺术宝库的重要组成部分。

赫哲族桦皮工艺品

赫哲族只有本民族的语言没有文字，早年以削木、裂革、结革记事。现在，赫哲民族中，50岁以上的人中，尚能用赫哲语对话和交流，但并不常用；近50岁的人，能听懂和会说一部分赫哲语；40岁左右的人只能听懂个别单词；30岁以下的人，既听不懂也不会说，赫哲语已处于自然消失的边缘。赫哲民族由于很早就与汉族交错杂居、交往，所以男女老幼都通晓和使用汉语文。

赫哲人信奉萨满教，萨满教是在原始信仰基础上逐渐丰富与发展起来的一种民间信仰活动，由万物有灵论、祖先崇拜和巫术糅合而成，渗透到赫哲族生产、生活的各个领域，长期占据赫哲族的古老祭坛。萨满有河神、独角龙、江神三派，

人面形天神

各派有六个品级，其中最受尊敬的是人面形天神。

　　赫哲族房屋建设较生女真人有了较大变化，住房有临时和固定两种。临时住房有"撮罗昂库"（撮罗子），"胡日布"（地窖子），"阔恩布如昂库"（草窝棚）等；固定住房有"温特合"（土草结构的马架子和起脊正房）。这些住房是根据渔猎生产特点，随生产场地环境变化而搭盖的。临时住房多建在江河岸边，一般一两户，三四户；固定住房一般建造在江河沿岸的高岗之地或接近猎场的地方，少者七八户，多者二三十户。

撮罗子

　　富锦赫哲人在清朝初年就有了较为先进的固定住房。房屋多无基石，平地而起，墙壁或土坯，或拉哈辫（用茅草或谷草和稀泥拧成草辫），或塔头草，屋顶苫茅草或芦苇。马架子南北向，与现在厢房相似，房门在南面。正房坐北朝南，两间或三间的大房。两间正房一间做寝室，一间做厨房；三间正房中间是厨房，东西两间是寝室。寝室均有南北两面火炕，火炕末端由一窄条炕连接，通向烟囱。烟囱均在屋外，用一空筒木或木板钉成方形长筒立起，高过屋脊。赫哲人以西为贵，西墙供奉祖先和神灵，窄条西炕只能摆设箱柜，不能随便坐人和住人。在中原文化影响下，到民国初年，大屯的赫哲人有了前砖后坯的五间正房，门窗刻有花纹，窗户装有玻璃，室内天棚地板刷油漆，炕沿、围墙雕花纹。正房前东西两侧建有厢房和鱼楼子（赫哲语："塔克吐"）。厢房做碾磨房、牛马厩、仓房和雇工住房用；"塔克吐"是储存鱼干、兽肉干、粮食等食品的地方。

赫哲族固定住房

赫哲族衣服主要用鱼皮、兽皮做成，穿长旗袍，周遭及衣领均镶有绦边，腰部束有松紧腰带，或单扎腰带。冬季着狍、鹿皮衣裤，脚穿鱼皮或兽皮靰鞡。平民外罩狍、鹿皮裘，富人则着猞猁、狐狸皮裘。姑娘梳一根辫子，结婚后在脑后梳两根辫子或绾一个大发髻，不论老年、青年妇女都戴手镯。他们将鱼骨、鱼刺磨砺成古朴、大方的佩饰物，展现出北方渔猎民族独特的审美情趣和生活风采。

赫哲族鹿皮、鱼皮服饰

　　饮食以鱼、兽肉为主食，小米是副食；喜欢采集野菜野果，尤喜食用柳蒿芽。特色菜肴有杀生鱼、炒鱼毛、塔拉哈（烤鱼）。冻鱼片是上等的下酒佳肴。男女老少饮酒由来已久，成为族内祭祀、宴会、迎宾、送行的主要形式。在饮第一口酒前，要用筷头蘸少许酒甩向空中和洒向大地，以示敬祖先和诸神。但不喜欢喝茶，有时也把小米炒焦后沏水喝，或把野玫瑰花和嫩叶以及小柞树的花苞采来晒干沏水当茶喝，大多数人一年四季均喜欢喝生凉水。

赫哲族菜肴

　　赫哲人通行族外婚，实行一夫一妻制，多由父母包办；也有一夫多妻的，多为富户或地方官吏。在男女青年订婚的过程中，要摆酒宴宴请双方的长辈和媒人。迎亲时，男方的老人要向女方的老人敬三杯酒。婚宴时，新娘要面朝墙"坐福"，直到送亲的人散席离去后，才可下地并与新郎一起共吃猪头猪尾。新郎吃猪头，新娘吃猪尾，意为夫领妇随，团结和睦。最后新娘新郎共吃面条，以表示情意绵绵，白头到老。

　　赫哲人早年没有自己的独特节日，后来由于满汉的影响，开始过春节、元宵、清明、端午、仲秋等节日。节日期间，特别是春节，是一年中饮食最丰盛的日子，家家要摆鱼宴，用当地产的各种鱼类制作各式菜肴。节日里还必须吃饺子和菜拌生鱼，饮酒，每餐均不能吃剩菜剩饭，把剩饭存起来，待到过完春节后再吃。

交通工具主要有狗拉雪橇（赫哲语："拖拉气"），马爬犁，滑雪板(赫哲语："刻雅奇刻")，舢板船，桦皮船(赫哲语："乌莫日沉")，快马子（赫哲语："威虎"），独木船等。

赫哲人的马爬犁

丧仪比较简单，实行土葬，清代末期才盛行棺木。人死后须用面粉制成油炸薄面块和各种形状的薄面点心，既做死人供桌上的供品，又做参加悼念活动人们的食品。三天后死人入殓，埋入村落西南面半里或一里的高岗上。小孩夭亡不入土，用桦树皮捆扎后挂到树上。墓葬品有铁吊锅，青花瓷碗、盘、碟、酒盅，铜烟嘴、烟锅，铁刀、叉，木筷子，料珠，玉饰以及其他铜铁饰品等。

第七章
DI QI ZHANG

汉 族

（公元1890年～现在）

　　1890年清政府开禁、富克锦协领积极推行垦荒引佃富边政策后，富克锦地域汉民渐聚。到富锦建县时已形成45个汉族村屯，人口万余人，汉族人的数量已超过赫哲人。赫哲人同汉族人和睦相处，共同经营着富锦这块富饶锦绣之地，成为建设边疆、保卫边疆的重要力量。由于赫哲族是分居俄罗斯和中国的跨国民族，有着藕断丝连的关系，日本侵略者为防止赫哲人民参加抗日联军和与苏联红军来往，1942年将富锦境内的赫哲人几乎全部迁往同江、抚远、饶河等边境地区的森林和沼泽地，建立了所谓的一、二、三部落，实际上是将赫哲人软禁起来。一方面让赫哲人种植和吸食鸦片，从精神上和肉体上摧残赫哲人；另一方面发给赫哲人枪支弹药狩猎，兼以巡查和搜捕抗日人员，达到"以华治华"的目的。在日本侵略者的残酷折磨下，赫哲人到抗战胜利时只剩下300多人，濒于灭绝。据全国第五次人口普查，现富锦境内只有65个赫哲人，分散居住在城乡各地。

　　招民引佃　清朝建立后，把东北当做龙兴之地，禁止汉人出关，而满人又大量进入中原，只剩下少数野人女真的后裔从事渔猎，中国东北部几乎成了渺无人烟的空荒旷野，为中国大片领土的丧失埋下了隐患。帝俄趁机蚕食，侵占了黑龙江以北、乌苏里江以东的大片土地。清政府眼睁睁地看大好河山被帝俄的血盆大口吞噬，才如梦初醒，于咸丰十年（1860年）至光绪三十一年（1905年）逐渐开禁。山东巡抚主动与吉林将军联系移民建点，拓垦农耕。吉林将军衙门遂于1878年设立垦务局，开始招民引佃；同时领荒大户由于劳力不够，派人到吉林、奉天、直隶、山东等地以预借路费，租给土地，无偿借给住房、农具等条件招引大批移民，兴起了"闯关东"的潮流。

闯关东

　　吉林将军铭安在松花江下游视察时，见富锦境内"川原绮错，农利之饶，可以予卜"，如"移民开垦，可供边缴"，便于光绪十六年（1890年）决定在此放荒引佃。光绪十九年（1893年）三姓副都统第一次在富锦的"西下坎"（今大屯、清化一带）向汉民放荒7 380垧，来此定居的人越来越多。大屯时称福题新屯。据《满蒙时报》报道，放荒后大屯汉民达到200余家。清化屯时称霍悦享台。同治五年（1866年）清政府在此设立卡伦，由赫哲兵驻守。放荒后很快形成沿江一个较大村落，并成为哈尔滨至同江电报干线的第十三管理支局。光绪二十三年（1897年）三姓副都统派郝连芳在大屯、永安屯一带第二次放荒，迁徙定居汉民达50余户，流徙户近百户，处理生息地3 000垧。光绪三十一年（1905年）在太平川一带第三次放荒。三次放荒达37 000余垧，吸引山东、辽东、河北、山西等地移民纷至沓来。汉族人在带来先进的生产方式的同时也带来了先进的文化，促使富锦进入了快速发展时期。

富锦第一次放荒之地

行政隶属　由于"辟荒户接踵而来，商贩亦见繁集"并且"民人日伙，民事殷繁，熟地日广，租税待征"，加之"强邻入境，危机日深，交涉日繁，统辖日艰"（《黑龙江沿革史讲稿》）。这种日渐繁重的社会管理，迫使清政府由军政制转向了民政制，取消了将军、都统、协领，建立行省，设总督、巡抚。光绪三十一年（1905年），清政府撤三姓副都统，设临江州（今同江）署理地方民事、财税、荒务等，与富克锦协领军政分立。光绪三十二年（1906年）临江州将富克锦辖区重新区划，将图斯克以东为临江府直辖，以西设富克锦设治局，为临江州的派出机构，单列管理。"设治局"是一个向县治过渡的机构，任务是"筹措县治"。农历十月初四（10月31日）州官吴大澂派设治员周霞村来富克锦建立了设治局，安排装备连珠、套筒子等杂牌枪的衙役30余人，并将富克锦协领衙署隶属富克锦设治局。

光绪三十三年（1907年）建吉林省治，将省政府改为省公署，改将军为巡抚，各州县衙门相继改为公署。富克锦设治局隶属吉林省临江府。光绪三十四年（1908年），清政府为加强国防，管理"汉民边氓"，在沿江沿海的边境地区设巡检机构，离州府较远的地方设分防巡检(相当于武装警察局)。于是，富克锦设治局升改为富克锦分防巡检署，隶司于临江州(今同江)。将富克锦协领衙署之旗兵改为50余人的游巡队，配备杂牌枪50余支，由设治委员周霞村兼任分防巡检署委员，郝连芳为起员。富克锦分防巡检署总揽富克锦政治、经济事宜，处理地方民事、刑事案件，负责放荒、放街基事务。

衙署治址　设治局和分防巡检署衙署均设在上街基处（今城关社区和平村）。上街基，也称南街基和前街基，民国元年改称上街基。这里早在光绪十七年（1891年）就有人居住，人称此地为"哈番木兰"，是个猎鹿围场。光绪二十一年（1895年），三姓垦荒总办赴此勘荒时，见此地有几户人家，便在报告中写道："富克锦城之南，其地壤广袤肥饶。可择地立镇开荒，资卜农利，亟待招佃拓垦，以利疆国。"（《吉林历史案札》）光绪二十三年（1897年），富锦第二次放荒时，起员郝连芳来此，以80方地

第七章　汉族

157

今日上街基

为一个街基号(1方地=45垧)立屯招垦,以三等街基设柜放荒,始立市井。因为此地与北面的富克锦前后相对,所以称这里为前街基或南街基。光绪三十一年(1905年),临江州派周霞村来富克锦组建富克锦设治局时,这里已是有60多户的小镇了,就将局署设在这里。

周霞村在这里置草房22间,正房10间,东西厢房各6间。以栅围院,占地139丈(1丈≈3.33米)。设治局除办公人员外,建立了游巡队,第二年改为警务队,成立了地方武装。行政和司法由周霞村兼职,如遇案情,由警务队长协助办理。光绪三十四年(1908年),临江州在此设置富克锦分防巡检署。宣统元年(1909年)富锦建县时将县署设在这里。

上街基清末已为"汉俗之集镇"。光绪三十二年(1906年)设治局升改为富克锦分防巡检署后,工商业日益繁盛。据《富锦县地方经济调查》报道:"富锦建县时(宣统元年)南街基街市繁华,有烧锅二处,铁物店二处,大杂货店一处,小杂货店四处(兼营谷物),靰鞡店一处,药店二处,绳类商店一处,理发店一处,浴池一处,客栈二处,成衣店一处,制油坊三处。"从统计资料看,三家油坊年用大豆3 000石(1石=120市斤),生产豆油480普特(1普特=16.38千克),豆饼8.4万块。其中德兴庄、裕兴源、永顺魁、益增德、同仁春、盛发栈等都是下江当时的出名商号，尤以德兴庄的酒闻名下江。民国元年（1912年）富锦县行政区划时，南街基定名为上街基。宣统二年（1910年）霍吞吉林县城建成后，随着衙署的搬迁，南街基的工商户陆续迁入城内开业，南街基渐成农户居住之地，现成为上街基镇的一个行政村。

第二节　富锦建县

　　1909年，清政府为了推行郡县政区制，决定在富克锦辖境内设县。东三省总督锡良认为吉林省"地域辽阔，治理难周"，应"添改民官，酌裁旗缺，以资控制而固边陲"。而富克锦协领所在地区位置优越，北控黑龙江，南接乌苏里江，西蔽松花江，对岸为俄东滨省会，驻有俄提督兵队，击柝相闻，实为吉林东北一大关隘。于是，锡良于宣统元年闰二月十九日（1909年4月9日）向清廷呈奏："临江州北界黑龙江、东界乌苏里江属吉省之极，东北边防尤为重要。其地广于吉林府，仅设一州，等视羁縻顾非注重边界之道。拟升为临江府，于其西境增设一县，以富克锦巡检升改，名曰富锦县。"清廷于宣统元年闰二月二十四日（1909年4月14日）批准锡良奏章。宣统元年七月二日（1909年8月17日）东北路观察使王铁珊派戴雪桥等人来富锦筹办建治，将富克锦分防巡检署改称富锦县公署，由周霞村代理监督，富克锦分防巡检署的游巡队改为警务局，并于翌年撤销富克锦协领衙署，将赫哲甲兵遣散为民。

　　锡良(1853—1917)，字清弼，蒙古镶蓝旗人。他在任东三省总督期间，制定了移民实边、开发经济、兴办教育和改革边疆管理体制的边疆发展方略，为使东北摆脱人烟稀少、文化落后、经济迟滞的状况作出了重要贡献。

富锦城址　当时规划富锦设治地点，据《富锦县农业事情》记载：拟建于距富克锦城西南约280里希尔哈屯附近的台地上，即今日桦川县新城镇，据说新城之名由此而来。据《起员手札》所记：当戴雪桥等人来现场设治时，见到新城城址"地势低洼易遭水患"。正当踌躇不决时，富克锦分防巡检周霞村等人进谏："富克锦地方村落聚成，商贾殷赈，是粮石出口聚会，俄轮出集之所，宜设治置衙。"凑巧，时有桦川县治由桦皮川改设苏苏屯（今悦来镇）之呈。新城离苏苏屯仅50里。吉林省署考虑两县治址相距不宜过近，经总督锡良裁定将富锦县城址移至富克锦城附近。戴雪桥协同周霞村、炳祯、满祥五等人几番斟酌，将县城城址选置于富克锦城东的霍吞吉林屯(今富锦城内西部)。当年霍吞吉林屯草野茫茫，树高林密。在建城衙时，见此地"杠林丛密，虞于放伐"，而位于霍吞吉林屯东的李家窑附近(今富锦城东平路以东)地域空旷，遂将城衙设于这里。

霍吞吉林屯即现富锦城址。霍吞，满语是"城"；吉林，满语是"边"或"沿"的意思，合译为"城边"之意。霍吞吉林屯的屯西有个周长一里的小古城，据《吉林故闻补遗》所载：此古城为元代的一个站赤（驿站），传说叫弗斡里城，为元代塔塔人(鞑靼)所筑。霍吞吉林就是指此城的城边。据日本横尾博士所考：弗斡里在元代是远近闻名驿站，明代的弗提是弗斡里的转音，词根来源于"勿吉"的原音。

霍吞吉林之名，始见于清史。同治五年（1866年），清政府为防俄侵入松花江逆江上犯，宁古塔将军在此设立了霍吞吉林卡伦(哨卡)，派"旗兵（赫哲披甲）"驻此，看守门户。由于"旗兵"战时作战，平时渔猎，故此地渐由一个城边的兵站(卡伦)发展成一个赫哲小渔村，霍吞吉林就成了这个渔村的名字。富克锦协领设立后，自福题新至图斯科屯设一防区，置佐领于霍吞吉林屯。佐领满语为"牛录章京"，平时领导生产，战时指挥出击。

据《富锦县民政事情》记载：宣统二年（1910年）四月吉林省东北路道派邳帧(邳周臣)任富锦县第一任县知事(县长)。邳帧到任后于六月始建富锦城，规划城区面积1.5平方公里，开设正大街、南二道街、北二道街等三条街，面积54 000余丈；八月开始于今第六中学院内建县衙署，青砖青瓦正房3栋15间，厢房东西各3栋9间，占地约10 300丈。

富锦建城后发展很快，人烟日稠，居民增至86户。宣统二年（1910年）冬，县衙署由上街基迁于富锦城，固定人口为9 650人。宣统三年（1911年）城郭已具雏形，居民已达503户，人口12 503人。从本年度消费食盐10 000普特、火柴2 000箱、中国布3.5万匹、西洋布2 000匹等主要商品流通量看，富锦城已经相当繁华，形成了较大的消费市场。

民国时期富锦码头

第七章 汉 族

今东平路以东正大街至北二道街一带（今富锦三中、青少年活动中心等地），当时是富锦建城初期人烟稠密的地方，也是当时商贸集中区。早在1906年，辽阳人柏福臣就在这里开设了柏家店。建县以后，当时的一些政府机关、学校、警署、兵营均设在这里。1916年县城中心向西移至大十字街后，富锦城内的市街格局有了变化，群众把东平路以东(下街基) 称为东街基。1932年春，县公署由今六中院内迁于今第三中学院内。8月松花江水泛滥，县城内世一堂以东均成泽国，老商会（原第四小学所在地）门前均可行船。大水撤后，东平路以东的北二道街以北的沿江地带，几乎变成了无人居住的空地。富锦城市中心遂移至今正大街与向阳路交叉处。

城市建设　1910年富锦建城时，规划东西5里，由于经费不足，改为城区面积1.5平方公里。1914年将城区扩建为：东至老城壕，西至老木材场，南至三八路，北至清江门。以土筑城，东西南北各设一城门，东门曰东昌门，西门曰西门，南门曰正阳门，北门曰清江门，富锦城郭由此固定下来。

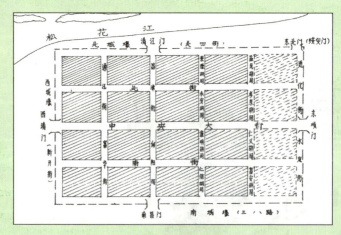

1914年富锦城区示意图

1919年重修城垣。东西南北各增设偏门，即东南门、东北门、西南门、新开门。城门添设岗楼和青砖炮台，各门朝开夕闭，以防匪患。1925年市街向东西方向发展。1927年整顿城内市街，定大道为街，小路为胡同，城门一律按方位更名。东门曰大东门，西门曰西门，南门曰正南门，北门曰北门，其偏门未变，只是新开门改为西门，原西靖门改称西北门。城内东西、南北各三条道路，东西有正大街、南二道街、北二道街；南北有南北大街（今向阳路）、东大街（今东平路）、西大街（今通江路）。纵横交错，形成东西长、南北窄的矩形棋盘式街道网络，路面皆为土路，两侧挖明沟排水。

　　1929年冬，"中东路事件"发生。苏军在进攻富锦县城时，猛烈的炮火将城东打成一片火海。苏军入城后，又把县公署、邮电局、电台放火烧毁，重要物资抢掠殆尽。渐趋繁华的富锦城遭到严重破坏，极大地阻碍了富锦城的发展。

　　历经民国、伪满时期，城区向东、西、南方向发展，形成了以老城壕为界的北侧老城区和南侧的新城区。1934年将城内各街巷进行了规划修整。今天的新开街，当时南段叫新开街，北段叫顺江街，中间是东方茶园和民房，南北不通。通开后，群众把新开街称"新扒街"。1940年于现五中后身（今文明路）开掘了新城壕，为富锦城区南部边界。到1945年富锦解放时，城区内形成了正大街、南北大街、新开街、东大街四条主干路和南二道街、北二道街、南三道街、北三道街、通江路、健康路、清真路七条次干道。除正大街、南北大街、新开街为砂石路外，其余皆为土路，各交叉路口建有木制涵洞。

民国时期富锦正大街

　　正大街为城区的中央大街，路宽12米。早在建县之初，两侧建起了泥草房和砖瓦房。1914年，和发广药店在正大街第一个建起了二层楼房。随着市面日趋繁华，一些较大商号相继在正大街建起楼房和一些带有门脸、较为美观的砖瓦平房。到1932年楼房达20余幢，砖瓦房鳞次栉比，路两侧建造了木制阳沟板，下面排水，上面行人，很是别致，形成了独具民国风情的中心大街，成为富锦城区最热闹繁华的地方。1958年，在时任副省长于天放的关照下，将正大街中段改修为条石路面，同时将老城壕改修为三八路；1960年在现五中处建第一中学时，新城壕改修为人行路（今文明路）。1969年在第一中学和对面苗圃之间修了一条战备路（今中央大街）。1984年县政府搬迁到苗圃，战备路两侧逐日繁华起来，形成了新的中央大街。自此，富锦的城市建设以此为中轴展开，随之整个城区南移，机关、学校、企事业单位、商服机构和居民住宅，在中央大街两侧快速发展起来。至此，富锦的现代城市框架基本形成，成为现富锦市区的主体部分。

今日富锦中央大街

　　隶属关系　宣统元年四月十五日（1909年6月2日），富锦建县后，隶属临江府（由临江州升改）。同时，裁撤富克锦协领，将巡查队改为警务局。而后富锦县由吉林省依兰府东北路道管辖。

　　1912年中华民国成立后，建制沿袭清制。1913年6月，东北路道改为依兰道，富锦县由依兰道管辖。1928年2月，裁撤依兰道，由吉林省直辖，为省辖三等县。1932年东北沦陷后，建制沿袭民国，初隶吉林省。1934年12月1日由伪满洲国三江省管辖。

　　1945年"九三"抗战胜利后，中共中央东北局于10月末委派中共党员杨振魁到富锦组建了人民武装，成立了县政府。11月29日中共合江省工委建立了富锦地区行政专员公署和富锦军分区，负责开辟富锦、同江、绥滨、抚远、萝北、嘉荫等县的革命根据地，具体领导松花江下游两岸人民政权建立、秘密建党、反奸清算、土地改革和剿匪等工作。12月7日经中共合江省工委批准，中共富锦县委和县人民政府正式成立。1946年1月5日，中共合江省工委鉴于富锦在合江省战略地位的重要性，成立了中共富锦地区委员会。1946年6月1日，中共合江省委决定，撤销富锦地区行政专员公署，将中共富锦地委改设为中共富锦中心县委；同时合江

第七章　汉族

165

原富锦地区行政专员公署办公楼

省政府决定，将富锦县的四、五、六区划出成立集贤县。中共富锦中心县委管辖富锦、同江、绥滨、抚远、集贤等县，由中共富锦中心县委书记兼任中共富锦县委书记。

1947年2月7日，中共合江省委决定，撤销中共富锦中心县委，成立中共富锦第三地委和富锦地区第三行政专员公署，仍管辖富锦、同江、绥滨、抚远、集贤等县。中共富锦县委隶属富锦第三地委领导，富锦县政府隶属第三行政专员公署。1947年11月，合江省政府将富锦县西部的新城区（瓦里霍吞古城所在地）划归桦川县。与此同时，根据中共中央东北局的指示，撤销中共富锦第三地委和富锦地区第三行政专员公署，中共富锦县委、县政府直属中共合江省委、省政府领导。1949年5月，合江省并入松江省，富锦县隶属松江省。1954年6月19日，松江、黑龙江两省合并后，富锦县隶属黑龙江省合江地区专员公署。1985年1月1日，合江地区专员公署与佳木斯市合并，富锦划归佳木斯市领导。

1988年8月30日，国务院正式批准富锦撤县建市，为省辖县级市和财政计划单列市，被民政部授予地级市经济管理权限。1989年省政府决定由佳木斯代省管辖，并决定把富锦建设成佳木斯东部区域中心。2002年，被国务院正式确定为黑龙江省地方性中心城市，成为佳木斯城市群中与鹤岗、双鸭山并列的，具有同等功能的副中心城市。

区划概况　1909年富锦建县后，县境范围为：东至古北扎拉（今富民），与临江府交界；西至万里河通（瓦里霍吞古城），与桦川县接壤；南至七星河，与宝清州为邻；北依松花江，与黑龙江省相望，全县总面积5 500平方公里。

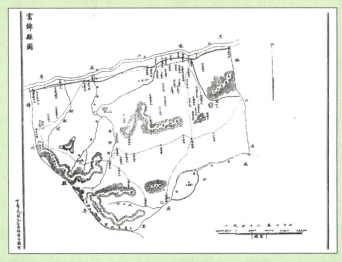

中华民国元年富锦地图

此时富锦地广人稀，正处于招民引佃时期。移民大多呈散居、流动状态，聚居村落较少。而世居的赫哲人是依血缘、地域划分族（姓）、乡（即族区内的屯寨）。所以，富锦建县之初，尚未有正规区划。直到1912年中华民国成立后，始以地理位置为联结纽带的地缘关系设海沟、上街基、西安、新城、集贤、兰家街6个区。1924年增设第七区——头林。1934年伪满洲国实行保甲制，富锦下设8个保，98个甲，300个村屯。1939年废除保甲制，实行街村制，全县划2个街（富锦街、集贤街），22个村（相当于区）。

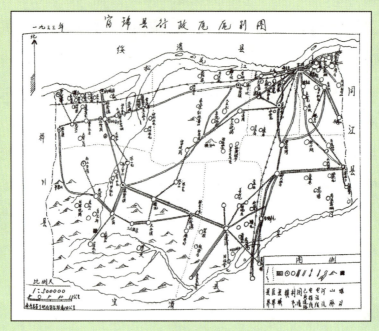

1933年富锦县行政区划图

　　1945年8月12日富锦解放后，仍沿用街村制。1946年3月取消街村制，将村公所改为乡政府，同时增设太平川、上街基、花马、新城、集贤、三道岗、头林7个区公所。1946年6月1日，合江省政府决定，将富锦县的四、五、六区划出成立集贤县。1947年11月，合江省政府将富锦县西部的新城区（瓦里霍吞古城所在地）划归桦川县。1949年2月，同江县并入富锦县。6月绥滨县并入富锦县，成为富锦建县以来版图最大时期，管辖永安、花马、西安、恒山、大榆树、上街基、向阳川、二龙山、同江、大同、绥东、连生、集贤、北岗、绥滨以及富锦城区16个区，162个行政村，405个自然屯，面积1.765万平方公里。1959年4月24日，省人民委员会将富锦县的同江、三村、乐业公社划归抚远县。1964年3月，绥滨地区划出单独建县，至此富锦区划再无变化。县域面积8 227平方公里。其中市属面积4 907平方公里，占市域面积的59.6%；国营农场总面积3 320平方公里，占市域面积的40.4%。

在富锦市属区域内，撤县建市后，设置二龙山、新建、永福、向阳川、择林、富民、大榆树、隆川、砚山、头林、兴隆岗、宏胜、上街基、西安、锦山、二道岗、长安等18个乡镇，413个村。2001年乡镇机构改革，全市镇村合并为富锦、二龙山、向阳川、大榆树、砚山、头林、兴隆岗、宏胜、上街基、锦山、长安11个镇，396个自然村，266个行政村。2003年6月，将富锦镇的街政管理职能划出，成立富锦市城市社区建设委员会，下辖13个社区管理处，51个居民小组（其中一个居民小组设在创业农场）。2004年9月1日将富锦镇更名为城关社区。2011年3月根据黑龙江省民政厅黑民区〔2010〕59号文件精神，撤销城市社区建设委员会，设置城东街道办事处和城西街道办事处。

在国营农场区域内，设有黑龙江省农垦总局建三江分局及所属七星农场、大兴农场、创业农场和青龙山农场、红卫农场、前进农场的部分管理区；境域内还建有黑龙江省农垦总局红兴隆分局所属的二九一农场的部分生产队。

截至2010年末，全境总户数169 843户，总人口473 947人。其中市属142 619户、396 361人，农业人口320 306人。黑龙江省农垦管理局建三江分局27 224户，77 586人。全境有满、回、朝鲜、赫哲、蒙古、藏、维吾尔、苗、彝、壮、布衣、侗、瑶、白、土家、傈僳、佤、水、柯尔克孜、达斡尔、羌、锡伯、塔吉克23个少数民族，2个民族村（向阳川镇六合满族村和上街基镇鲜丰朝鲜族村）。第五次人口普查时，少数民族15 356人，占当时总人口的3.31%。

第三节　县域经济

农　业　富锦建县后，农业成为主导产业，并有了飞跃的发展。一是中华民国续行清廷招民屯垦的实边放荒政策，以及富锦解放后人民政府鼓励开荒，并接受山东、河南和省内移民来富锦大规模开荒建点，使富锦的耕地面积逐年扩大。二是在松花江以及青龙河、莲花河、寒葱河、七星河、外七星河、挠力河、安邦河和别拉洪河上大兴德政工程、安全工程、致富工程，形成了排涝、防洪和提水灌溉综合水利建设体系，解决了长期制约富锦农业发展的水害问题。三是把不断提高农业综合生产能力的工作纳入了强县富民的大政方针。富锦通过加大农业技术培训体系、服务体系、新技术推广体系和农业标准化作业体系建设力度，使其农业不但实现了传统农业向现代农业快速转变，而且为其农业大市的发展注入了后续动力。

现富锦已成为全国生态环境最优，全省耕地面积最大、粮食商品化率最高的产粮大市。辖区内920万亩无公害化耕地，占全国耕地面积的1/200，占黑龙江省耕地面积的1/20。土壤有机质含量是全国平均数的6倍，是全省平均数的2倍。粮食年产量达到50亿斤，商品量超过90%，粮食商品化率在全国首屈一指，荣获了"中国大豆之乡"、"中国东北大米之乡"、"全国粮食生产先进县"、"国家重要商品粮基地"等诸多美誉，并向着全省一流和全国排头的规模化、产业化、集约化水平最高的现代农业综合示范核心区迈出了坚实的一步，踏上了"高产、优质、高效、生态、安全"的现代农业康庄大道。

喜看稻菽千重浪

    工 业　自开埠置县以来，富锦一直高扬工业兴市的风帆，开拓创新，与时俱进，谱写出敢想敢干、自强不息的辉煌篇章。建县之初就形成了粮食加工、发电和手工业等工业门类。新中国成立后，励精图治，英勇拼搏，建立起了集体所有制工业、全民所有制工业、乡镇工业以及中央直属和省直属企业四大工业体系，富锦成为松花江下游屈指可数的工业城镇。改革开放以后，富锦坚持民营化方向，以改革创新为切入点，大力推进了新型工业化进程。

别拉音子山风电场

现富锦的绿色农产品加工业、新型能源、机械加工、木材加工四大主导产业，构成了富锦工业的发展格局。水稻、大豆、甜菜加工已形成产业链条，绿色健康的系列名优农副产品唱响全国。风电装机容量达到了20万千瓦，巨大的经济效益和生态效益为富锦经济发展插上了腾飞的翅膀。传统工业生机勃发，微型钢圈远销欧美市场，"龙江"牌200马力拖拉机及"富华"牌百吨防爆起重机均为国内首创，橡胶短纤维独占国内市场。以永安木业、北方水泥为代表的新兴产业快速崛起，稳步发展。工业经济呈现出强劲发展态势，展现出了恢弘大气、振奋人心的光辉前景。

富锦龙江拖拉机有限公司生产的"龙江"牌200马力拖拉机

商 业 置县之初，大小商号就发展到107家，至1925年增加到1 100余家。钱庄、当铺、私人银行、浴池、书局以及杂货业、饮食业、鲜果业、旅店业、照相业、理发业、粮业、药业等一应俱全。1926年吉林督军署正式设立吉林永衡官银钱号富锦分号，负责上解本县税款以及办理汇兑和放款，富锦遂成为松花江下游一带唯一繁荣的城镇，自然形成了一个辐射周边的经济中心。日伪统治时期，富锦的商业虽屡遭摧残，但是大小商铺仍有700余家。裕隆祥、亿兴祥、庆泰厚是其中较大的商号，其商铺成为这个经济中心的标志性建筑，至今在老正大街仍能看到它们历经沧桑的风采。1945年富锦解放后，建立起了国营商业5个，私营商业370个，网点密度平均每千人9.5个。1956年经过公私合营，形成了以国营商业为主体的社会主义统一市场，相继建立起来了百货、五金、糖酒、医药、石油、土产、果品、纺织品、餐饮、农业生产资料等公司和贸易货栈，形成了功能完备、设施齐全的商服网络。

改革开放以后，伴随着社会主义市场经济体制的确立，个体私营经济异军突起，推动各类市场向专业化、规模化发展，富锦的商服业进入了蓬勃发展时期。城区现有各类专业市场16个，各类商铺2 000余家，个体工商户1万多个；农村供销社10个，综合服务社、农家店287个。可以说富锦是松花江下游商业重镇，具有较强辐射周边的功能。

大商集团富锦新玛特商场

交 通　建县之初，富锦就在古驿道和民间道路的基础上，形成了上行至桦川、宝清，下行至同江、抚远、饶河、密山的大车道。光绪三十一年（1905年），三姓地区开埠通商，于霍吞吉林设立了松花江航标管理所。1911年哈尔滨至富锦的客运航线开通，霍吞吉林（富锦市现城址）逐渐形成为水运交通发达的港口，并一直承担着松花江下游和黑龙江流域的客货转运任务，成为松花江下游最大的水陆换装港和保证枯水期过货的深水良港。

富绥松花江大桥（赵月然 摄）

现富锦是松花江下游的交通枢纽。市域内水路、公路、铁路纵横交错，四通八达，同三公路、佳抚公路、富密公路、富饶公路穿境而过。福前铁路横贯富锦市境77公里，在富锦区间设有三等站1个，四等站3个，除办理客运、货运业务外，还办理路内区段站技术作业各项业务，富锦站已成为佳木斯东部的铁路运输中心。富锦口岸是国家一类口岸，机构健全，功能完备。设有中华人民共和国富锦海关、中华人民共和国富锦出入境检验检疫局、中华人民共和国富锦边防检查站和中华人民共和国富锦海事处。由富锦港下行黑龙江进入鞑靼海峡，可直航日本、韩国。2011年建成通车的双鸭山至同江、建三江至虎林高速公路和富绥松花江大桥，形成了松花江下游城际间快速通道和以富锦为中心的区域交通循环体系，巩固和提升了富锦在佳木斯东部的交通枢纽地位。

第四节　地域文化

富锦的地域文化就是富锦人民在长期历史发展中形成的表现在共同追求上的一种心理状态，是富锦的社会经济、生活方式以及地理环境的特点在民族精神面貌上的反映。在长期的历史进程中，富锦以得天独厚的优势和巨大潜力，为一代又一代富锦人提供了广阔的天地，同时用她那博大的胸怀和坚强的脊梁，承载着中华民族振兴的重任。富锦文化具有稳定性和特殊性，凝聚了各民族智慧和力量，融合了抗联文化、知青文化、城市文化、旅游文化、宗教文化和赫哲文化，开拓出各民族共同开发建设的辉煌历程。

张进思、于天放革命活动地

抗联文化　在抗日战争时期，富锦人民为了捍卫祖国神圣的领土，前赴后继，同仇敌忾，用耿耿丹心和铮铮铁骨谱写出名垂青史的光辉篇章，书写出气贯长虹的抗联文化。

当时，富锦是抗日联军的根据地之一。七星砬子、锅盔山一带建有抗联六军、十一军的兵工厂、被服厂和医院，以及抗联第二路军总指挥部的领导机关、中共吉东省委的秘书处、国际电台和抗联下江教导队等单位。经常转战在富锦一带的抗联六军、七军和十一军，曾在富锦市10个乡镇的39个村屯设过密营、据点、情报站、指挥所、中转站、驻地和根据地。被中共富锦市委、市政府认定的革命老区村达97个，占现全市村屯总数的1/3。

抗联四军、七军密营遗址

富锦不但是抗日联军主要根据地，而且也是打击日伪军的主要战场。抗日联军共有11个军，其中，第三、四、五、六、七、八、九、十一军均在富锦一带活动过。广袤的大地上印满了抗日志士纵横驰骋的足迹，留下了铁血男儿跃马横刀的身影。李兆麟、徐光海、刘振声、崔庸键、李学福、景乐亭、祁致中、于天放、李景荫、吕庆芳等抗联著名领导人都在富锦指挥过战斗，有统计资料记载的大大小小战斗就有400余次。原中共北平市委宣传部长、中国工农红军三十六军江北独立师师长张进思和抗联著名领导人于天放利用富锦县中学教员、教导主任、校长的身份做掩护，为抗联筹集军需，提供情报，培养了一大批爱国志士。后来由于抗联的西征以及中共富锦县委书记徐光海牺牲的影响，他们暂时停止了活动。富锦的抗日斗争处于最困难时期时，伪满国兵常隆基乘日本关东军驻伪满洲国最高军事顾问、陆军中将楠木实隆视察富锦五顶山军事要塞之机，将其击落马下。常隆基在富民江边遭敌人包围，大义凛然，毅然投江殉国。此举成为震惊中外的"五顶山事件"，他的行动沉重地打击了日伪军的嚣张气焰，鼓舞了富锦人民的抗日士气。

爱国志士常隆基雕像

知青文化　富锦地处边陲，地域辽阔，可耕种土地和可开垦的荒原面积较大，乡镇村屯、农林牧场较多。自1890年清朝开禁以来，保留了招垦、民垦、军垦等各种垦荒传统，后来成为知青的主要承接地区，为广大知识青年洗礼灵魂、磨炼意志、诠释奉献、演绎风采提供了广阔的舞台，形成了为国分忧、传承文明、艰苦创业、勇于奉献的知青文化。

　　自清朝开禁以来，广大知识青年队伍是在富锦的农业开发诸多队伍中文化程度最高、组织最严密、思想最活跃的。他们用稚嫩的双肩，勇敢地担负起了社会主义革命和建设的重任；他们用青春的脚步，在莽莽荒原上留下了改天换地的足迹；他们用满腔的热忱，把知识和文明播撒在辽阔的黑土地上。广阔的天地搭起了知识青年同人民群众息息相关、心心相印的桥梁；饮食粗淡、住处简陋、文化荒芜的乡村生活，唤起了他们改变现状的决心，激起了他们敢教日月换新天的豪情。他们顶风冒雨，披星戴月，意志得到了磨炼，体魄得到了增强，学会了在艰苦的环境中求生的本领；莽莽的荒原，皑皑的雪野，为他们的性格融入了北大荒的粗犷和豪爽，富锦的淳朴和刚强。他们用自己的智慧和汗水在富锦大地上，树立起了农村现代文明传播者、科学文化普及者和民主政治奠基者的形象。他们在富锦广阔天地中谱写的青春之歌，召唤着富锦历史的继承者和开拓者，在中华民族振兴的征途上奋勇向前！

　　旅游文化　早在20世纪30年代，富锦的"松江晚渡"、"卧虎朝霞"、"对锦叠翠"、"龙眼清波"、"芦滨雁阵"、"天际归帆"、"堤上观鱼"、"七星出云"八大景观就闻名遐迩。如今,中共富锦市委、市政府以打造佳木斯东部旅游中转站为目标,将超凡脱俗的自然风貌和粗犷豪放的文化风情,组合成一处处韵致天成、风情如歌的旅游景点,形成了湿地、风车山庄、国家森林公园和沿江风光带等旅游文化景观。

富锦湿地由省级三环泡湿地、富锦沿江湿地和佳木斯市级黑鱼泡湿地、六合塘湿地自然保护区组成,总面积102.77万亩,68 511公顷。湿地上沼泽湖泡,星罗棋布;河渠沟汊,纵横交错;奇花异草,浩茫无际;野生动物,稀奇珍贵;一年四季,各有千秋。当春天的脚步刚刚踏进湿地,成群的鸟儿就接踵而至,湿地上到处是鹤舞鹳鸣的景象;夏天的湿地蓝天碧水,绿野无垠,野花点点,芳草萋萋,一派北方水乡泽国的秀美风光;秋天,飒飒的秋风,把茫茫的湿地,点染成五彩缤纷的画卷,散发着苍茫寥廓、恬静淡泊的神韵;冬天的飞雪,把湿地雕塑成银白世界,坦荡的原野在宁静中透着雄浑气魄。这片中国大地上稀有的地,被誉为地球的肾脏,生命的摇篮,物种的基因库,鸟儿的乐园,既给人类和自然的和谐发展带来了无限生机,又给富锦人民提供了宝贵的旅游资源。2008年9月建成的国家湿地公园被国家林业局、教育部、共青团中央、中国生态文化协会授予"国家生态文明教育基地"称号。2009年建成的"三江平原湿地宣教馆"被中国野生动物保护协会命名为"全国野生动物保护科普教育基地"。富锦市被国家命名为"中国白枕鹤之乡"。

富锦黑鱼泡湿地

黑龙江省三江湿地宣教馆

滨水名城

锦 台

　　风车山庄位于别拉音子山（清富魁纂修《三姓志》称毕兰印山）省级森林公园。浑圆苍茫的山脊上，一架架银白色的丹麦产的和国产的风车，高耸云天，悠然旋转，同位于主峰明清风格的观景台"锦台"遥相呼应，将古朴的大山和现代文明融为一体，形成动静结合、中西合璧的雄浑画面。主峰脚下密林中，一条沿山顺势直达山下的石砌小路，曲曲折折，像一条小溪从密林里飞流直下。尽头是面积10公顷的森林氧吧，内有8个木屋和4个凉亭，长达1 200米的松黄色仿木水泥路穿过森林氧吧，直通工农新村。新村中心大街彩砖铺砌，笔直宽敞，两侧22栋样式别致的住宅白墙红瓦，设施豪华。位于村东休憩园里的假山、凉亭、花坛、雕塑、健身路径，错落有致。

　　国家森林公园位于乌尔古力山。乌尔古力山系完达山余脉，由卧虎力山和乌尔力山两条山脉组成。由于卧虎力山有五个山头，又称为五顶山，久而久之，成为整个山的称呼。乌尔古力山为平地而起的独立山系，海拔最高峰538.7米，最低峰为110米。层峦叠嶂，山势险峻，植被丰富，风景秀丽，被国家林业局评定为AA级国家森林公园。

抗日战争时期，乌尔古力山最初为抗日联军打击日伪军的战场。抗联西征后，被日军修筑成佳木斯东部最大的军事工程，号称陆地航空母舰。五顶山植物属长白山系，植被种类繁多，森林覆被率达86.3%，天然次生林占有林地面积的52.5%。满山遍野的落叶松、樟子松、红松、云杉、蒙古柞、水曲柳、黑桦、胡桃楸、山榆、色树、紫椴、糠椴、柞树等，呈天然林与人工林带状和块状混合分布，形成了形态各异的柞树纯林、落叶松纯林、樟子松原始次生林、灌木丛林的森林景观。五顶山山泉丰富，形成了卧虎泉和小河子水库。卧虎泉位于通往乌尔力山主峰山路中段的右侧，泉眼左侧依山临路建起了集餐饮、住宿、休闲为一体的卧虎泉山庄。小河子水库是将发源于大姑娘沟山泉的小河子水，在小河子村西截流筑坝而成，四周白杨挺拔，绿柳婀娜。水库前沃野无边，良田万顷；水库后青山巍峨，群峰竞秀，形成了融山光水色为一体的壮丽景观。

沿江风光带位于松花江畔，从进思公园直到红旗灌溉站，宽敞的防洪堤顶全部彩砖铺设，间或建有凉亭、长廊、雕塑小品和式样各异的花坛。花坛里栽种榆树、云杉、柳树、黄槐和花草。混凝土防洪通道外，柳树婆娑，杨树挺拔，蓊蓊郁郁，浓荫蔽地，到东平港口处，江堤下形成了大面积的带状柳树丛，可谓移步换形，处处佳景，自然风光尽收眼底。在这条风光带上，自西向东，依次是进思公园、幸福广场、松花江碑林、新开广场和下吉林休闲园。这些景观或端庄雄伟、飘逸秀丽，或雄秀厚重、完美和谐。内部布局分别置于不同标高之上，疏密有致，层次分明，交错紧凑，曲径通幽，妙韵天成，似一幅幅长幅画卷，极具中国园林建筑特色和中华民俗的传奇神韵。

富锦沿江风光

城市文化　节庆活动既是城市文化的标志，又是一地社会风貌的展示。中共富锦市委、市政府在城市经营中坚持建筑艺术同文化品位的有机结合，现代气息与历史底蕴的和谐统一。在大力推进城市建设、住宅建设的同时，借助传统节日的优势，创办了独具富锦地域特色的中国·金豆丰收节、北方秧歌节、社区邻居节，建立了融廉政文化和城市文化于一体的廉政文化广场，既促进了富锦经济和社会的发展，又培育和提升了富锦城市的文化品位、文化个性和文化魅力。这些举措使富锦小城既有凝固的美丽、立体的壮观，又有丰富的内涵、流动的风采，形成了动静兼顾、灵动飞扬的都市文化魅力。

中国·金豆丰收节创办于2004年9月。富锦市委、市政府为了加强对外交流，提高富锦市的知名度，举办了金豆丰收节，一举成功。这一节目成为尽展北国粮都风采、打造生态农业品牌的盛会，不仅吸引了众多国内外客商，而且推动了富锦农业的发展，得到社会各界的赞誉和认可，是富锦市有史以来第一个展示地域特色的城市节日。一年一度的节会按照"政府主导、市场运作、社会赞助"的办节模式，凸现"节会搭台、经济唱戏"的特点。以金豆丰收节为载体，以唱响粮都品牌，彰显富锦风采为主题，以中国大豆之乡、中国东北大米之乡和全国文化体育先进县城市名片为基础，通过"会、展、演、访、赛"等形式，推动交流合作和发展，展示了富锦发展的新面貌、新成果，实现了产销对接，对增加农民收入，促进农村经济持续、快速和健康发展，起到了积极的推动作用。

北方秧歌节创办于2007年元宵节，并把富锦城作为"秧歌城"在国家商标局注册。北方秧歌是在清朝康熙年间，由流传到东北的中原戏曲歌舞，而后与肃慎后裔热情豪放的歌舞形式结合在一起，形成了多彩多姿、风格诙谐的秧歌舞。五彩缤纷的"手中花"花样繁多，富有弹性的鼓点节奏明快，舞蹈形式融泼辣、幽默、文静、稳重于一体，将东北人民热情质朴、刚柔并济的性格特征挥洒得淋漓尽致。富锦丰富多彩的秧歌活动源远流长，在各个历史时期均呈蓬勃发展之势。每年正月，各村屯都自发地组建秧歌队伍。男女老少，着上盛装，舞动彩扇，几十人或数百人排成队列，在锣鼓唢呐的伴奏下，在大街小巷尽情扭着。场面宏大，气氛热烈，花样翻新，观众陶醉。既是春节和重大政治活动的喜庆活动，又是锻炼身体的一种大众化形式。秧歌节的创办把富锦的秧歌活动推向了规范、有序、健康的发展时期。由此，一个在中国大地上极为普遍的文艺活动形式成为富锦的文化品牌，引起了世人的关注。

秧歌会演

邻居节创办于2006年，是中共富锦市委、市政府为了促进社会和谐进步，提高公民的思想道德素质和生活质量，培养健康向上的社会风尚，全面提高城市文明程度而开展的邻居同教、邻居同善、邻居同助、邻居同乐活动。活动以人为本，突出参与性；把握主题，突出创新性；贴近生活，突出时代性；资源共享，突出和谐性。自2006年开始每年一届。该节目通过开展邻里爱心传递、快乐健身、才艺展示、结伴郊游、文明楼院创建、居民文明公约听证、花卉盆景赏鉴、家庭趣味运动会、社区小型歌舞会、远亲不如近邻演讲、公民文明道德知识竞赛等丰富多彩的活动，加深邻里之间相识、相知、相助，做到以邻为友，与邻为善，提高居民文明素质，低成本化解社会矛盾，为城市营造了团结和谐的政治环境、安宁稳定的治安环境、公平竞争的经济环境、规范有序的法治环境、安居乐业的生活环境，提高了城市的和谐魅力。

廉政文化广场一角

廉政文化广场由中共富锦市纪律检查委员会和富锦市监察局策划，由富锦市文联副主席、作家协会主席田增岐设计。既是一幅具有鲜明的思想性、艺术性、实用性和观赏性的廉政文化长卷，又是富锦城镇广场建设中一处独特的风景。广场展示了中国古今清正廉洁名人、全国英雄楷模和富锦时代精英的高贵品质和先进事迹，蕴涵着中华民族强大的生命力、凝聚力和创造力，形成了寓教于理、寓教于文、寓教于乐的艺术氛围。不但促进了富锦的社会主义政治文明、精神文明和物质文明建设，而且提升了富锦的城市品位，扩大了富锦的对外影响。

宗教文化　历史上，富锦是宗教文化发达昌盛之地，萨满教、道教、佛教、天主教、基督教、伊斯兰教一应俱全。其总体格局分两个阶段：清朝开禁前，以萨满教为主，道教、佛教为辅；清朝开禁后，以道教、佛教和天主教、基督教、伊斯兰教为主，萨满教为辅。道教和佛教是在契丹和汉人的影响下兴起于辽代，有庙宇的记载始于富克锦时期。光绪十八年（1892年），三姓副都统为"倡忠勇，鼓士气，固国防"，在富克锦城西建关帝庙一座，其中正殿三楹、观音殿三楹、禅堂三楹。关帝庙是三姓境内三大武庙之一，是松花江下游唯一大庙，为富克锦协领操练兵勇、誓师点将的地方。富锦建县后，道教、佛教和天主教、基督教、伊斯兰教逐渐兴盛起来。道教的宫观，佛教的庙宇遍布富锦城乡；天主教、基督教和伊斯兰教相继在城区建起了教堂。

第七章　汉族

1919年建成的永安寺

　　道教宣扬"神圣之灵"，劝人"除恶显正，成仙得道，死得其所"。1914年至1947年间，相继在今富锦城乡建起了圣仙宫、长济宫、大赤天宫等。各宫观分别主祀太上老君、三清尊神、三霄娘娘、王母娘娘、吕祖、神农、药王、龙王、关公、吕祖、柳仙、邱祖、龙王、火神、雷神等。

　　佛教主张平等慈悲和因果报应，一切众生皆有佛性，皆可以修行成佛。1916年至1936年间，相继在今富锦城乡建起了清林寺、永安寺、天华宫、大法寺、清云寺、金龙寺、文佛寺、圣贤寺等。各寺庙分别主祀释迦牟尼、观音菩萨、三霄娘娘、子孙娘娘、眼光娘娘、关公、岳飞以及胡仙太爷、胡仙太奶、城隍等。

天主教自称公教，以梵蒂冈教廷为自己的组织中心，以教皇为最高领导，信徒称其所信之神为"天主"。1917年传入富锦。天主教堂由奥地利人、神甫雷明远筹措资金于1935年建成。教堂为3层哥特式建筑，罗马风格，是当时松花江下游最大的天主教堂。占地2 000多平方米，建筑面积1 500平方米，红砖黑瓦，西式门窗，钟楼高12米，顶端立有十字架。主楼东侧正面是2层楼房，临街建有12间红砖平房，中间是门洞，门洞西面3间是传达室，东面九间是教会小学校。

基督教又称"福音教"或"耶稣教"，不接受教皇的领导，信徒称其所信之神为"上帝"。1914年传入富锦。基督教堂建于1924年，最初为3间草房，位于正大街中段原五金公司商店后身。1929年中东路事件苏军攻打富锦时，被炮火摧毁。1934年通过募捐在原地建成190平方米的青砖铁瓦结构的教堂。

伊斯兰教在我国又称回教、清真教，信奉"行善者入天国，作恶者入地狱"，于1909年富锦建县后，随着回民的迁入传入富锦。1913年由回民集资在南二道街东段今清真寺处建成3间土草房作清真寺。1931年扩建到6间。1936年扒掉原寺建成青砖铁瓦结构的清真楼。正楼两层，高8米，女儿墙为砖砌梅花洞；毗邻的望月楼为六边形，高13米。1984年再次原地重建，建筑面积300多平方米，砖混结构，铁瓦屋盖。寺内北侧设有100平方米的礼拜大厅，屋顶为拱形，拱端立杆上装饰圆球和月牙，西侧建有六边形3层高的望月楼，南侧是6间规模的讲堂和3间配房，迎街屋檐设4个玲珑、秀丽的小尖塔。造型别致，宏伟壮观，在松花江下游闻名遐迩。

富锦清真寺

　　这些宗教活动场所，除清真寺外，皆在岁月的长河里陆续湮没。改革开放以后，随着宗教活动的恢复和旅游事业的发展，永安寺、清林寺、观音寺相继恢复重建。天主教堂于2009年改扩建成富锦博物馆。

　　现永安寺位于城关社区新立村西0.5公里处，1994年恢复重建，占地1万平方米，由大雄宝殿、天王殿、东三圣殿、西三圣殿、念佛堂组成。除念佛堂为青色的现代化二层楼房外，其他各殿均为青瓦、青墙、红门的庙宇式建筑。各殿龙脊两端饰有卷起的翘稳，正面雕有三龙三珠图案；四侧岔脊末端微微翘起，上塑6个精致的小走兽，下挂叮当作响的风铃；大连檐、斗拱、霸王椽均炫子大点金彩绘，色调沉稳；内部梁、柱、枋、墙边、藻井、元花配置和谐，画面古气；菩萨塑像。整个建筑集中国宗教文化、园林文化和古建筑文化为一体，形成了浓厚的启德益智、赏心悦目的文化氛围。每逢重大庙会日，富锦市及周边市县的信徒和旅游观光群众达万人以上。

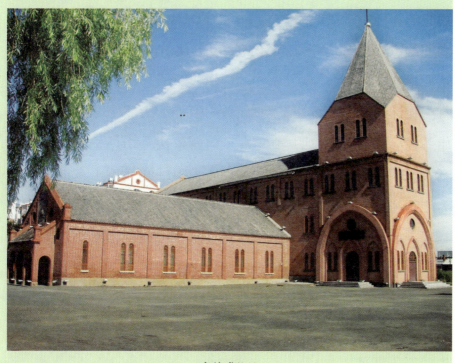

富锦博物馆

　　清林寺选址在乌尔古力山南麓，2004年开始恢复重建，占地5万平方米。寺院坐北朝南，东、西、北三面环山。楼宇共山水一色，钟鼓伴松涛齐鸣。此处可谓天恩地德、发雨润泽之地。清林寺是浙江天台山国清寺下属寺院。国清寺创建于隋代，距今已有1 400余年历史，为全国十大寺院之一。清林寺的重建规划将古建筑和园林建筑融为一体，建成明清建筑风格的寺庙群。寺院以大雄宝殿为中心，中轴线上由南至北依次是山门、天王殿、三圣殿、藏经楼，两侧有钟鼓楼、药师殿、观音殿、地藏殿、五百罗汉堂、流通处、五观堂、僧寮、居士寮等。现已完成大雄宝殿主体和内外装修，以及天王殿的基础工程。大雄宝殿东西长

第七章　汉族

48.24米，南北宽22.20米，高19.2米，建筑面积1 050平方米，是东北三省寺院中比较大的殿堂。虽然清林寺正在建设中，但是，优美的环境，雄伟的大殿，吸引了越来越多来此拜谒祈福和旅游观光的人。清林寺正在成为富锦市五顶山国家AA级森林公园的重要景观。

观音寺位于幸福广场西侧，占地面积4万平方米，2009年开始筹建。观音寺规划中轴线由东向西依次为山门、天王殿、观音殿、千佛殿、大雄宝殿、龙王庙；中轴线北侧由东向西依次为二层楼的法务流通处、药师殿、斋堂、僧舍；中轴线南侧为观音寺庭院，庭院南部为老年安养院，内设念佛堂、图书馆、健身房、宿舍、食堂。现山门、天王殿、观音殿已竣工，开始开展法事活动，其他工程正在加紧施工中。整个建筑群呈弯月形，怀抱着富锦城区，象征着富锦大地在神灵的庇护下，人民生活安乐富足。

赫哲文化 赫哲文化是富锦地域文化中最具特色的文化，也是最传统的文化。它诞生于富锦大地，流传在富锦的街头里巷，对富锦地域文化的形成发挥着潜移默化的作用。特别在文学艺术领域和饮食文化领域表现得尤为突出。赫哲文化名人，中国民间文艺家协会会员、黑龙江省民间文艺家协会顾问、黑龙江省赫哲族研究会顾问、民间说唱家葛德胜，赫哲族民间工艺家、艺术家尤连仲等都出生于富锦。

在文学艺术领域，早在20世纪50年代，原文化馆副馆长张子良挖掘整理的赫哲族民歌《回想起从前的生活》和《幸福的生活》，被国家教委确定为九年义务教育中小学音乐五线谱教材。

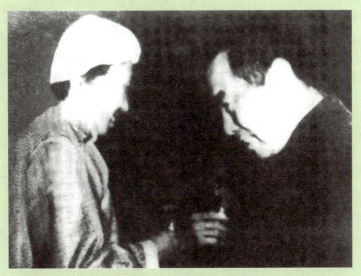

1959年赫哲族代表葛德胜在国庆宴会上向周恩来总理敬酒

赫哲族老艺人尤连仲和他制作的工艺品

20世纪70年代，富锦评剧团编剧刘学让以赫哲人的生活为素材，创作演出的大型赫哲族伊玛堪《莫里根·海莲》，在省内引起了轰动效应，成为赫哲文化的经典之作。2006年富锦民间艺术协会副主席金宝玲创作的赫哲族传统艺术鱼骨画，曾获北京旅游商品大奖赛二等奖、第九届哈尔滨艺术博览会创新奖和北京当代艺术家成就展工艺品类金奖。2009年在富锦市委、市政府大力支持下成立的"富克锦文化产品展销中心"，成为展示赫哲传统工艺品鱼皮衣、鱼皮画、鱼骨画、鱼骨装饰品，弘扬松花江流域文明的窗口。

金宝玲和她制作的鱼骨画

在饮食文化领域，赫哲族的杀生鱼、塔拉哈（烤鱼）、冻鱼片等特色菜肴，不但成为富锦城乡各档次饭店上等的下酒佳肴，而且成为上街基镇大屯村饭店的乡土特色。

大屯清时是赫哲人聚居之地，自从1984年第一家饭店开张以来，赫哲风格的餐饮一条街的规模越做越大，名声越来越响，不但成为富锦市招待贵宾的理想去处，而且成为佳木斯东部闻名遐迩的饮食品牌。赫哲族的大锅炖鱼更是一绝，不但演化成富锦餐饮界回归自然的"大锅台"饭店，而且被中国民间文艺家协会会员、中国工艺美术协会会员、富锦民间民俗协会副主席金宝玲推广到北京，连开了三家"雪中鲜渔村"餐馆。

富锦大屯村特色饭店

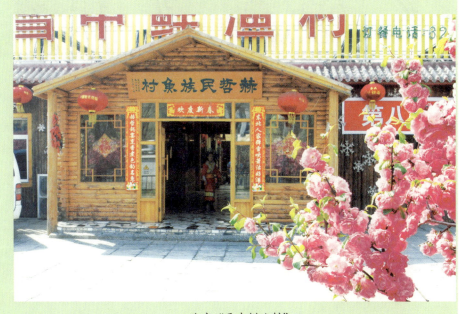

北京"雪中鲜渔村"

　　为了让赫哲文化在北京安家，"雪中鲜渔村"完全按赫哲族风格装修。饭店外墙采用木克楞结构；门口醒目处镶嵌着整件鱼皮衣；旁边搭了一个赫哲族捕鱼时用的窝棚"撮罗子"。餐馆大厅四根大木柱上，镌刻着粗犷的赫哲图腾，表现了女人捕鱼、男人打猎、祖先保佑平安、神灵庇护丰收的众多意义；包房的餐桌是赫哲人传统的烧木材灶台，上坐一口大铁锅；餐馆随处可见的赫哲族装饰品，琳琅满目，花样繁多。来此就餐的人们，不但可以品尝到赫哲的铁锅炖鱼，而且能够领略赫哲文化的淳朴风情。

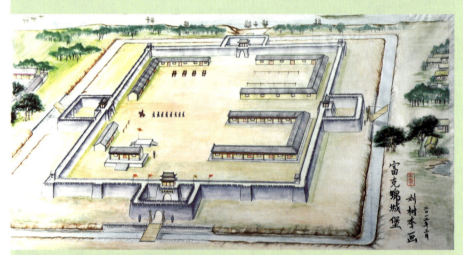

富克锦城堡图（刘树奎　画）

后 记

当前，我国正处于经济体制和政治体制改革的关键历史时期，各种社会思潮纷繁复杂，各种思想观念交叉碰撞。在这种形势下，弘扬主旋律，高唱民族精神，便成为我国思想文化建设的当务之急。本书通过展示松花江下游蕴涵的中华民族丰富文化的历史画卷，旨在弘扬民族精神和时代精神，牢牢树立社会主义核心价值观，为推动我国社会的进步，满足人民群众高雅的文化需求作出贡献。

但是，由于肃慎及其后裔文化传承的载体较少，有关肃慎及其后裔的历史资料大多来自于中原和李氏朝鲜文献的间接记载，具体落到富锦的历史资料更为罕见，这无疑给本书的写作带来一定的困难。在辩证唯物主义和历史唯物主义的指导下，笔者将肃慎及其后裔在富锦繁衍生息的有关资料，放到松花江下游民族发展的背景下，进行了进一步搜集、考证和研究，以民族演进为线索，重点展示每个历史时期的民族特征和发展轨迹，目的是抛砖引玉，引起人们对富锦历史研究的兴趣和关注，把对松花江流域文明的探索和弘扬引向深入。

中共富锦市委、市政府高度重视此书的写作。早在2007年5

后记

月本书酝酿阶段，现任市委书记，时任市委副书记、市长周宏就给予了高度关注和热情鼓励，使笔者坚定了深入研究松花江下游历史文化的信心。2009年6月，原省社会科学院古渤海史研究所所长、现省委宣传部聘任的"黑龙江省历史文化重大委托项目专家组首席专家"、《龙江讲坛》历史顾问魏国忠研究员，吉林大学文学院历史系教授、中国民族史学会副秘书长、中国民族史学会辽金契丹女真史学会秘书长韩世明博士，中国作家协会黑龙江分会会员、黑龙江省辽金史专家刘文生教授等一行6位资深学者在富锦考察期间，对初稿进行了研讨，给予了充分肯定。2011年3月书稿完成后，时任市委书记刘臣，市委副书记、市长周宏，市委常委、宣传部长马冬梅将此项工作纳入了议事日程并给予了大力支持，组织省内外文史专家魏国忠、韩世明、刘文生，佳木斯市民间文艺家协会主席吕品，以及富锦市的文史工作者李大洁、孟祥海、王国华等审阅了书稿，并提出了宝贵意见和建议。在写作过程中笔者采用了有关方面的文字和图片资料，恕未一一注明，在此一并表示衷心感谢。

时代在前进，历史在继续。古老的富锦正向着"经济有活力、建设有品位、文化有特色、生活有质量"的北方滨水名城的宏伟目标高歌猛进，在松花江下游书写着华彩篇章。相信松花江流域文明定会绽放出更加辉煌灿烂的光芒！

作者

2012年4月8日